새별들이 성장하는 교육 이야기

공감 달팽이

북트리

공감달팽이

초판 1쇄 인쇄 2022년 04월 22일
초판 1쇄 발행 2022년 05월 02일

지은이   이원택

편집   김지홍
디자인   조혜원

펴낸곳   도서출판 북트리
펴낸이   김지홍
주소   서울시 금천구 서부샛길 606 30층
등록   2016년 10월 24일 제2016-000071호
전화   0505-300-3158 | 팩스 0303-3445-3158
이메일   booktree11@naver.com
홈페이지   http://booktree11.co.kr

값   13,000원
ISBN   979-11-6467-100-7

· 이 책은 저작권에 등록된 도서로 저작권법에 따라 무단전재 및 복제와 인용을 금지합니다.
· 이 책 내용의 전부 및 일부를 이용하려면 저작권자와 도서출판 북트리의 서면동의를 받아야 합니다.
· 잘못된 책은 구입하신 서점에서 바꾸어 드립니다.

새벽들이 성장하는 교육 이야기

공감 달팽이

북트리

우리 미래의 세대들과

함께할 교육을

생각하며….

추천사

1

맥 풀린 낙엽이 하염없이 쏟아진다. 가을은 여전히 캄캄하다. 사람도, 시간도, 공기조차도 온통 마스크에 가려 캄캄한 틈에서도 골똘히 삶을 정리하며 등대가 되는 선생님을 본다. 학생부장으로, 3학년 담임으로 힘들고 어지러운 일상 속에서도 선생님은 집요하게 지나온 시간들을 앨범에 담듯 아이들에 대한 사랑과 열정을 차곡차곡 시간 속으로 쌓아 올렸다. 가끔 술잔 앞에서 선생님은 기간제 교사의 절박함과 아픔을 말할 때가 있다. 그러나 그것은 절망이 아니라 술 따르는 소리처럼 늘 청아하고 맑았다. 그리고 그 맑은 외로움이 오히려 이렇게 새로움을 창조해 나가는 원동력이 되었으리라.

작품 속에 등장하는 다양한 학교 이야기를 통해 선생님으로 어떻게 살아야 하는지를 자문하게 한다. 급변하는 세상 속에서 오늘도 입시 학원을 전전하는 아이들과 현실을 담을 수밖에 없는 선생님들의 모습을 보면서 답답하고 힘이 들지만, 이 책에 소개된 소규모 학교 학생들과 선생님들의 모습을 보면서 어둠 속에서 한 점 등불을 찾을 수 있었다.

세상은 변한다. 우리 교육도 변화해야 한다. 그것이 지금의 우리가 살아가는 방법이고, 또 이 작품에서 선생님이 가고자 하는 미래 우리 교육의 방향이라 굳게 믿는다.

- 신양중학교 (전)교사 송용배

2

교사 이원택은 아이들에게 끊임없이 다른 세상을 보여준다. 시골의 작은 학교 아이들이지만, 이들이 만나고, 품은 세상은 참 넓고 깊다. 꿈을 향하는 아이들에게 교사 이원택은 기꺼이 사다리가 되어준다. 이 책은 교사 이원택과 아이들이 넓은 세상으로 향하는 여정에 관한 책이다. 우리에게도 선물이다.

- 아름다운배움 대표 고원형

3

충남 예산의 신양중학교에 특강을 요청받아 출강했던 2016년 겨울날이었습니다.

영등포역에서 출발해 예산역에 당도한 저는 호호 부는 입김에 손을 비비며 저를 마중 나온 한 사람을 만났습니다. 이 책의 저자인 이원택 작가였죠. 반가운 인사를 나누고 신양중으로 가던 길, 이 작가는 세계시민교육에 대한 견해와 철학을 들려주셨습니다. 얼마나 고민을 많이 하였던지, 언제 어디에서 버튼을 누르면 '툭'하고 곧바로 튀어나오는 자판기의 따뜻한 코코아처럼, 달달하고 진한 세계시민교육에 대한 열정이 마구마구 쏟아져 나왔습니다. 이 작가의 세계시민교육에 대한 깊은 고민과 진정 어린 철학은 그가 오랫동안 치열하고 끊임없이 세계시민교육에 대해 고민을 했다는 것을 여실히 느끼게 했습니다.

그리고 또 알았습니다. 전국 팔도에서 신양중학교 학생들의 세계관을 넓혀줄 강사님들을 초빙하여 이렇게 역까지 나와 한 분, 한 분 본인의 차로 학교에 데려다주면서 이동하는 시간 동안 서로의 인생을 나누며, 세상과 존재에 관한 대화로 가득했다는 것을요. 그의 차는 세계의 다양한 기억을 가득 담은 그야말로 세계 그 자체인 다양한 사람들과 대화와 에너지로 가득 차 있습니다.

이것은 이 작가가 라오스에서, 태국에서, 베트남에서 현지의 친구와 동료, 이제는 가족이 되어 버린, 이 작가의 인생을 살아 숨 쉬게 만든 현지인과의 진한 만남과 추억 덕분이겠지요. 무슨 말인지 궁금하다면 이 작가의 첫 번째 책, '불편한 여행'을 펼쳐보시길.

이 작가는 그런 사람입니다.
언제 동남아시아로 향할지 늘 생각하는 사람. 이 작가가 경험하고 생명력을 얻은 세계와의 연결을 학생들과 공유하려는 교사. 앎으로만이 아닌 삶으로 학생들을 존중하고 모든 존재를 동등하게 여기는 사람. 그래서 학생들이 솔직한 자기표현을 할 수 있도록 야자타임을 하는 교사. 학생들이 더 많은 세계를 만나, 그들의 소속감을 세계로 넓혀 더 자유롭고 평화로운 삶을 살 수 있도록 사서 고생을 자처하는 교사. 가진 것보다 늘 소탈하고 겸손하게 말하는 사람.

이 작가의 차에서 세계의 대화를 나눈 이들과 그 스토리가 궁금하시다면, 주저 말고 다음 장을 넘겨보시길.

- 월드투게더 세계시민학교 총괄 김유미

4

　학교 정원의 나무와 풀에 관심이 없던 아이들이 환경활동가 선생님과 할아버지로부터 마을의 야생초와 벌레에 대해 배우고 할아버지께서 학창시절에 느끼셨던 마을 이야기를 들었습니다. 그리고 교실에서 친구들과 수다와 웃음으로 함께 살아가는 환경에 대해 배웠습니다. 이원택 선생님은 학생들 옆에서 여러 이야기를 해주며 학생들 스스로 시나브로 성장하도록 해주었습니다. 때로는 글을 쓰기도 하고, 때로는 불편한 생활을 감수하는 외국 여행을 하는 과정에서 학생들의 성장을 지원하고 계십니다.

- 충청남도교육청 미래인재과 장학사 전문섭

5

　현직 교사인 작가는 시골의 작은 학교 공동체 안에서 무엇을 하려고 했을까?

　본인은 오랜 시간을 작가와 함께 근무하면서 가슴 뭉클한 감동을 참 많이도 느끼며 살았다.

　작가가 교사로서 보여주는 일상은 눈높이를 맞춰 학생들과 동행하는 모습 속에서 끊임없이 같이 고민하고, 같이 만들어내고, 같이 행하는 신바람나는 교육 활동은 학생들로 하여금 갇힌 사고에서 벗어나 사고의 확장성을 바탕으로 자신을 제대로 알고 자신의 미래를 제대로 열어 갈 수 있도록 도와주는 안내자 역할을 역동적으로 수행하는 작가의 진면목을 보면서 늘 뿌듯하고 감사했었다.

　그런 일련의 과정들-작가가 교사로서 직·간접의 학교 현장 체험기록-을 이 한 권의 책으로 담아내고 있으며, 또한 오늘날 우리 학생들에게 가장 절실한 교육의 방향성을 현실감 있게 제시해주고 있는 저서로 자기 탐색의 과정을 거쳐 미래를 준비해야 하는 학생들과 더불어 현장의 교사들이 가깝게 함께하는 책이 됐으면 하는 바램을 가져본다.

　우리 교사들에게 뚜렷한 희망을 주지 못하는 열악한 환경의 시골 마을 작은 학교 공동체 안에서 오로지 사랑 가득한 열정으로 애쓰고 계신 이원택 선생님….

　또 한 권의 책 출간을 축하드리며, 무한 존경을 표합니다.

　모쪼록 선생님의 앞날에 하시고 싶은 많은 일들이 하나하나 이루어져 선생님 나름의 멋진 인생을 펼치실 수 있길 기원합니다.

- 2020년 끝자락에
신양중학교 (전)교장 박영미

목차 〉〉〉〉

추천사   005

프롤로그 ◆ 코로나19와 보온병(報溫餠)   012

Part 1 동행이란

1. 한 지붕 네 가족   019
2. 희노애락   029
3. 속풀이   037

Part 2 우연에서 인연으로 필연까지

1. 꿈사! 그게 뭐여?   048
2. 웃음과 눈물의 바다   063
3. 이젠 약속   078

Part 3 나와 너 그리고 우리

1. 이미지 프리즘   096
2. 다양한 세상 + 내일 = 희망   105
3. 무지개   121

Part 4 생태 · 환경교육 = 삶

1. 시나브로   131
2. 家校역할   140
3. 미안해…. 지켜줄게!   152

Part 5 나침반

1. 스케치북과 와이파이   170
2. 3W   185
3. 오륜기   200

에필로그 ◆ 언젠가는   212

프롤로그

> **코로나19와 보온병(報溫餠)**

2020년 4월.

연초부터 시작된 코로나19는 4월의 벚꽃이 활짝 피는 계절임에도 불구하고 일상으로 돌아갈 수 있을지 걱정이 되는 시기였다. 어쩌면 우리가 다시 코로나19 이전의 일상처럼 생활하기 어려운 상황들이 빈번히 찾아올 수도 있을 것이다. 현재 대부분의 사람이 지쳐있고, 각종 사업장에서는 큰 혼란을 피할 수 없는 안타까운 현실이 모두에게 힘듦이 되어버렸다. 눈에 보이는 무엇인가로 대신할 수 없는 그 무언가의 따뜻함이 우리 모두에게 필요한 것 같다. 과연 그것은 무엇일까? 그것이 무엇인지 찾아가고 싶기에 삶을 되돌아보려고 한다.

나의 주생활 공간인 학교 현장에서도 강력한 코로나19를 피해갈 수 없었다. 2020년 3월 2일 입학과 개학을 앞두고 계속되는 연장 속에 학생들은 학교에 오고 싶음에도 올 수가 없었고, 새롭게 오신 선생님들께서도 학생들을 만나고 싶어도 만날 수 없기에 서로의 안타까운 마음은 굴

똑같았다. 농촌학교 특성상 학생들은 조부모 또는 한부모 그리고 다문화 가정의 학생이 다소 많은 편이다. 그런 이들에게 우리는 사람만이 줄 수 있는 무언가의 따뜻함을 주고 싶었다.

매년 해오던 가정방문. 그러나 이번에 많은 선생님께서 교체가 되셔서 3학년 담임교사(학생부장 교사 겸임)인 내가 새롭게 오신 담임선생님들께 먼저 의견을 제시하였다.

8090 음악과 함께 한 해 농사를 준비하는 바지런한 손길을 마주하며 출근하는 길에 짧은 생각이었지만 작은 스케치를 하늘에 그리기 시작했다. 어떻게 하면 신양 가족분들에게 따뜻한 마음을 전할 수 있을까? 영상으로, 택배로…. 코로나19로 인하여 방법은 매우 제한적일 수밖에 없었다. 그러나 교사로서 최소한 아니, 지금 이 시점에선 최대한으로 다하고 싶다. 그것이 어떤 효율성에 있어 눈으로 보이지 않을지라도 마음만큼은 전하고 싶다. 그래서 모든 선생님께서 모이셨을 때 "우리의 마음을 담은 가정방문을 시행하고 싶습니다."라고 호소하였다.

먼저 담임선생님들께 모든 학급의 학생마다 작은 손편지를 작성하고, 손을 깨끗하게 유지할 수 있는 손 소독제 및 신양 가족이 되신 것에 대한 보답으로 따뜻한 마음을 담아 가족들과 함께 시간을 나눌 수 있는 떡(보온병)을 준비하기로 하였다. 그 외에 온라인 수업에 대한 안내문도 있었다.

차 안에서 우리는 각자의 역할을 나누어서 신양 가족들을 만나러 가는 여정을 시작하였다. 미소네 집에 도착한 두 선생님(조철희 선생님, 이지원 선생님)과 미소네 가족은 서로 안면이 없으셔서 처음에는 서먹서먹하였지만 이내 우리는 마음이 통하였다. 우리는 마음과 마음이 통하는 인간이라는 존재이기에 더 그렇지 않았을까!

중학교 1학년(일명 초딩 7학년)을 대상으로 온라인 수업에 대한 설명은 때론 상상 그 이상으로 시간이 다소 걸려서 힘들기도 하였지만, 농촌의 순수함과 아름다움이 아직은 남아있는 것이 우리에게 희망을 주었다. 그것은 작은 음료수와 초코파이를 주신 손길 등 눈에 보이는 것, 따뜻한 말씀과 마음 등 눈에 보이지 않는 것, 이 모든 것을 주셨기 때문이다.

특히나 시골의 고불고불한 길이 초보운전자이신 이지원 선생님으로서는 도저히 감당할 수 없는 길들도 있었지만 우리는 함께하기에 행복하였다. 또한 우리를 반갑게 맞이하여 주신 학부모님들과 학생들이 있기에 우린 가야만 했다.

학교를 위해 아낌없는 나무가 되어주시는 시원이네 부모님. 안타깝게도 시원이네 어머님(초등학교 교사)께서는 직장에서 온라인 개학 및 수업을 준비하시느라 함께하지 못하여 더욱더 아쉬웠던 순간. 시원이는 고사리 같은 손으로 우리에게 자연을 담은 달콤살콤한 블루베리즙을 통해 학생과 학부모 그리고 교사라는 개인을 넘어 '우리'라는 고리를 아주 잠시였지만 자연스럽게 형성할 수 있게 해주었다.

예림이네 집으로 찾아갔을 때 발걸음을 당당하게 디뎠지만 예림이네 집이 바로 눈앞에 있는데도 잘 몰라 되돌아가서 예림이를 만나게 되어 조금은 민망하였다. 마침 마당을 예쁘게 꾸미고 계신 예림이네 할머니께서 환한 눈빛으로 우리를 반겨주시면서 주신 따뜻한 말씀이 깊은 감동을 주셨다.

"작년에 우리 예림이를 맡아주셔서 감사드립니다. 올해에도 예림이를 맡아주시길 희망했는데 또 맡아주셔서 너무 감사드리고 기쁘네요."라고 하시는데 속마음은 솔직히 내가 더 감사드렸다. 할머니께서 주신 순수한 사랑의 눈빛과 마음에서 우러나오시는 말씀은 교사로 살아가는 나로서 언젠가는 교사를 내려놓아도 잊지 못할 순간이며, 이 말씀을 늘 간직하고 싶다.

소명이와 소민이는 쌍둥이 자매이다. 아주 작은 차이로 언니와 동생이 되었지만, 선의 경쟁을 통해 다른 학생들에게도 긍정의 에너지를 주는 자매이기도 하다. 두 자매의 미소엔 선함과 순수함이 살아있다. 부모님 역시 자녀를 사랑하는 마음으로 가득하시다. 물론 다른 학부모님들께서도 그러하시다. 신양의 가족들을 만나며 함께하는 힘이 얼마나 소중한지를 깨닫는다. 또한 그곳엔 늘 따뜻함이 있다는 것이 가슴 깊은 곳에 하나둘씩 쌓여만 간다.

이러한 따뜻함을 바탕으로 학생들이 성장하고 성숙해가는 과정으로 가는 길에 작은 세상을 경험해보는 곳이 바로 학교다. 가족을 통해 만난 첫 세상에서 학교라는 세상 밖의 첫 경험. 그곳에서 친구, 선후배 그리고 선생님을 통해 더 넓은 세상으로 나아갈 발걸음을 한 걸음, 한 걸음 준비하는 곳 또한 학교다.

그 발걸음을 내딛는 길 중간마다 계곡과 정상을 만날 것이다. 40세가 된 나로서도 온전히 성숙하지 않았기에 많은 경험이 있진 않지만, 어른들이 살아가는 직장이나 모두가 살아가는 가정에서도 그러할 것이다. 이는 기계보다 인간이 더 잘할 수 있는 그것을 통해 하나가 되어가는 이야기를 하나씩 풀어가면서 소통하고자 한다.

첫 번째 책에 이어 물심양면으로 응원하여 준 나의 아내와 가족, 매일 함께하지는 않지만 아낌없이 응원을 주시는 분들과 늘 곁에서 삶을 이끌어 주시는 주님께 감사를 드린다.

이원택 올림

Part 1.
동행이란…

1. 한 지붕 네 가족

신양중학교에서는 학생들과 교사들이 함께 다양한 프로그램으로 가족을 형성해왔지만 학생 수가 줄어들면서 좀 더 끈끈한 무언가가 필요하였다. 그래서 2016년 송용배 선생님께서 학생부장 교사를 맡으시면서 학생들의 주도와 담임선생님들의 협조로 작지만 알찬 프로그램을 만들어가기 시작했다.

이러한 일련의 과정을 1학년 때부터 봐온 학생들은 3학년이 된 시기엔 학생자치 문화가 정착되었고, 매 학기 2회 고사(구 기말고사)를 마치고 나서 점심시간이나 방과후 시간을 활용하여 학생회 임원들이 모여 프로그램을 준비하기로 하였다. 물론 이러한 과정을 거치면서 다소 서로 간의 의견 충돌과 시행계획 조정이 있을 수밖에 없었다. 그러면서 이들은 삶의 과정에 대해 배우는 것이 아닐까? 이처럼 학교에서의 배움은 지식적인 면만 있는 것이 아니기 때문이다.

학교란, 사회로 나아가기 전 이해, 배려, 협력 등 다양함을 배울 수 있는 곳이다. 온라인으로 채울 수 없는 무언가가 있는 곳이 바로 학교이며, 그것이 바로 학교의 존재라고 생각한다.

자신들이 만들어가는 '(1학기)학급의 날'. 이 프로그램의 제목이다. 비록 작은 학교에서의 소소한 행사이지만 이 프로그램을 통해서 후배들은 선배들의 위대함을 느낄 수 있게 된다. 때론 부족해 보일지는 몰라도 교사가 할 수 없는 일들을 이들은 할 수 있음을 몸소 후배들 앞에서 보여준다. 물론 '갈수록 태산'이라는 느낌이 들 때도 있지만 3학년 선배들은 후배들과 선생님들 앞에서 말없이 행동으로 보여주고 있다.

그 덕분에 일에 지친 우리도 오늘 하루는 솜털 같은 마음으로 햇빛처럼 웃을 수 있는 시간을 가질 수 있었다. 여러 학교에서 근무해 보았지만, 학생들과 함께 사제라는 관계를 넘어 교사가 아빠처럼 또는 삼촌처럼 대할 수 있는 곳이 우리와 같은 작은 학교라 더욱 가능하지 않을까 생각한다.

학생회 임원들이 준비한 모든 레크레이션은 학년별로 움직이는 것이 아닌 무학년제로 섞어서 진행하기로 하였다. 1학년부터 3학년까지 우리는 40여 명의 작은 인원이기에 모든 학생이 가족처럼 지낸다. 때론 내가 그렇게 믿던 형이 상대 팀으로 만나서 어쩔 수 없이 공을 맞혀야 하는

관계가 되기도 한다. 특히 버블슈트 게임을 할 땐 1:1로 맞서기 때문에 진퇴양란(進退兩亂)일 수밖에 없다.

버블슈트 게임을 본격적으로 들어가기 전 각 팀은 서로 간의 승부를 위하여 눈치작전이 들어간다. "○○○ 1번, ○○○ 2번…" 등 여러 경우의 수를 따져가며 짧은 시간 안에 조각을 맞춘 후 마주하는 두 선수. 얼굴을 확인하는 순간 환호와 절망 등 다양한 표현들이 오고 간다.

한쪽에서는 "성준아! 확~ 넘겨버려!", 다른 한쪽에서는 "정민아! 버티라고!"하는 등의 응원 소리는 하늘에 떠 있는 구름마저 귀마개를 할 정도로 체육관을 뚫고 갈 기세다. 일부 학생은 시작과 동시에 KO가 되는가 하면, 경기선 상에서 어떻게든지 살아남으려고 발을 경계선에 최대한 달라붙도록 애쓰는 등 다양한 모습들이 학생들의 온몸에서 희노애락(喜怒哀樂)을 자아내기도 한다.

그동안 소통을 많이 못 해보았던 형(언니)들과 누나(오빠)들과도 이구동성(異口同聲)이라는 게임을 통해 서로 마주 보면서 웃기도 하고 안타까워하기도 하는 등의 다양한 모습을 통해 교사로서 이러한 시간을 마련하고 애쓴 모든 손길에 감사함을 전하고 싶다. 소소한 행복은 결코 멀리 있는 것이 아니며 특별한 것이 아닌, 바로 나로 시작하여 우리 안에 있는 것이다.

구슬땀을 흘리며 진행하는 학생회 임원들이나 경기에 참여한 모든 학생은 교실에서의 수업이 아닌 체육관에서 자신들과 같은 학생회 임원들이 만든 프로그램의 만족도가 100%는 아닐지라도 최선을 다한 학생회 임원들에게 "수고했다."라는 말과 함께 박수를 보낸다.

비록 짧은 4시간여의 프로그램이었지만 학생회 임원들은 이 시간을 위해 끊임없이 대화하고 몸으로 부딪치면서 자신들의 선배들이 해왔던 것처럼 묵묵히 실천하고 있었다.

선생님들 대부분께서 자신의 부모님보다 나이가 많으신 분들이 많았기에 모든 선생님과 함께 경기하지 못한 아쉬움도 있겠지만 매끄럽게 잘 진행하였음에 우리들도 이들에게 박수를 보냈다. 이러고 나니 배에선 "우리 속을 채워주세요~~", "우리 너무 배고파요!"라는 등의 강한 신호가 오고 있다.

모든 게임을 마치고, 우리 학교 이웃인 신양초등학교의 관용 버스를 타고 봉수산 휴양림으로 우리는 이동하였다. 저녁 식사 시간에 지혁이가 이처럼 애가 닳도록 우리를 바라본다. 비록 눈은 우리들을 바라보고 있지만, 속마음은 부족한 삼겹살이기 때문이다.

학생들은 같은 반들끼리 먹기도 하지만 먹다 보면서 자연스럽게 다 같이 섞여서 가족처럼 먹게 된다. 자신이 가져온 김치부터 시작하여 선생님들께서 준비하신 다양한 재료를 즐거운 한 끼의 식사라는 이름을 통해 자연에서 숯불의 향기와 함께 음미(吟味)하며 행복한 순간들을 추억으로 간직하게 된다.

사실 우리도 마찬가지이다. 선생님들끼리 드시기도 하고 자신의 학급 학생들과 먹다 보면, 어느 순간 다양한 학생들과 함께 오랜만에 자유롭게 대화도 나누면서 고기를 구워주는, 먹여주는 관계가 된다. 나 또한 고기를 굽는 역할을 하다 보니 일부 학생들이 맛있는 쌈을 싸 온다. 그러나 모든 것이 예쁜 것만은 아니다. 간혹 내게 삼겹살보다 마늘과 청양고추를 가득 넣은 것을 숨기기 위해 깻잎에 상추까지 두 겹으로 포장한 후 본 모습을 감추기도 한다.

이런 것을 알고도 속아주는 관계! 그것이 우리다. 어쩌겠는가…. 그래도 이렇게 주는 학생들은 그만큼 나와의 관계가 돈독하기에 다가오지 않겠는가! 그저 학생들이 귀여울 따름이다. 그러나 그냥 당하고만 있을 내가 아니다. 공(公)은 공(公)이고, 사(私)는 사(私)다. 나에게 준 학생에게 바로 똑같이 먹이기까지는 어렵지만, 어느 정도의 복수(?)는 바로 실천한다.^^

이렇게 나눈 짧은 하루의 시간은 어쩌면 아주 평범할 수도 있거니와 누구나 할 수 있을 것이다. 하지만 우리가 몸을 서로 부딪치면서 몸을 나누며 선생님은 학생에게, 학생은 선생님께 서로를 위해 밥을 준비하고 나누어 먹으면서 나눈 정(情)들이 한 해, 한 해 쌓이면서 있는 그대로의 모습에 대해 알아갈 수 있게 되었다. 물론 모두에게 100점 만점에 100점을 못 줄지라도 최선을 다하는 모습에 어린 학생들이 이렇게 마음을 쓰고 있다는 것이 대견스럽다.

사람들은 잠이 들고 음식은 사라졌어도 밤늦게까지 숯불에서 피어오르는 연기는 우리의 아름다웠던 저녁 식사의 추억을 조금씩, 아주 조금씩 하늘로 보내어 별에게 전달해주었다. 이러한 추억들은 하늘 어디에선가 우리가 성장하고 다른 곳으로의 삶을 이동할지라도 늘 우리 곁에 있어 줄 것이다. 언젠가는 공감이라는 별의 이름으로 서로가 마주할 것이기 때문이다. 아마도 우리가 이 세상을 떠나더라도 학생들은 이러한 소중한 추억을 기억할 것이기 때문이다.

다음 날 아침.

다소 비좁기는 하여도 숙소 중 가장 큰 방에 학생들과 선생님들은 서로의 온기를 마주하면서 어제 있었던 하루를 돌아보았다.

당시 1학년인 정은이와 소민이는 신양초등학교 졸업생이 아닌 예산읍(정은이)에서, 서산시(소민이)에서 온 입학생이었다. 같은 입학생이어도 출신이 서로 달랐지만 이들은 말랑말랑한 학생들이 아닌가! 두 학생은 "텔레비전 화면이나 책에서만 볼 수 있을 줄 알았던 장면들이 자신의 눈앞에서 펼쳐지고 있는 학교생활이 너무 만족스럽다."라고 하였다.

똑순이 은서 역시 예산읍에서 온 학생이다. 늘 자신의 의견을 자신 있게 말하는 학생이자 항상 긍정적으로 도전하는 학생이다. 그런 씨앗이 있기에 2020학년도 전교 학생대표가 되지 않았나 생각한다. 정은이의 단짝이었지만 학교생활을 하면서 다른 친구들 또는 선배들과도 서슴없이 어울리는 학생이다. 그런 은서가 1학년 때 한 말이 아직도 기억에 남는다.

모든 이들 앞에서 "언젠가는 이 프로그램을 자신이 학생대표가 되어서 진행하고 싶다."라고 말했다. 비록 2020년 코로나19로 인하여 계획하였던 것을 아직 실천하고 있지 못하고 있지만 나는 믿는다. 모두가 공감하는 학생회가 되도록 최선을 다해 노력하고 헌신할 것이라고….

우리가 하는 학급의 날은 단순히 자신 학급만의 프로그램이 아닌 우리 모두를 위한 프로그램이다. 이를 통해 학생과 교사의 관계를 넘어 하나의 가족이라는 공감대를 계속 만들어 갈 것이라 확신한다. 이것이 신양의 매력이기 때문이다.

2. 희노애락

신양중학교 졸업식의 특징은 2학년 후배 학생들이 준비하는 전통이 있다. 물론 언제부터 만들어졌는지는 모르겠지만 신양중학교로 온 2016년에도 이러한 문화를 볼 수 있었다. 졸업식 전 학생회 임원들이 만들어가는 마지막 행사인 (2학기) 학급의 날에서 눈물의 바다가 되었던 기억이 강하게 남는다.

부서별 그리고 학년별로 연중에 가졌던 행사에 대해 평가를 나누었다. 여러 학생 중 며느리로 삼고 싶어 했던 세은이는 3학년 반장이었다. 세은이 역시 친구 (황)유나가 신양중학교로 입학하여 신양중학교의 생활을 듣고 1학년 1학기 초에 전학을 왔는데 내가 지도하는 진로 수업 및 체험에 있어선 단연 에이스였다.

그랬던 세은이는 "3학년이 되어서 이 자리에 서 보니 아쉬움이 남는다."라고 하였다. "1학년 때는 멋도 모르고 지나가더니 벌써 정들었던 친구들 및 선생님들과 헤어져야 하는 시간이 다가오고 있다는 현실에 너무나 속상하다."라는 서글픈 말을 이어갔다. 그 말을 들은 나도 속상하였지만 너무나 고마웠다. '그만큼 교사로서 우리 모두 최선을 다하였기에 이렇게 표현하지 않았나…'하는 생각이 들었다. 이렇듯 교사란 학생들에게 지식을 가르치는 것보다 더 중요한 건 인생의 선배라는 것이다. 그런 교사에게 있어 행복이란 학생에게서부터 나오는 것은 아닐까!

당시 1학년이었던 소민이는 "우리 학교의 학급의 날은 늘 학기마다 우리를 되돌아볼 수 있게 해주며, 선배들과 친해지고 가족과 같은 관계를 할 수 있어서 너무 감사하다."라는 말을 하였다. 그 마음을 늘 간직하고 살았을까? 은서와 함께 학생회 부회장으로 2020학년도를 맞이하였다. 아마도 선배들의 씨앗들이 후배들에게 열매를 맺게 해주는 것이 아닌가 생각해본다.

이번 (2학기)학급의 날 행사 중 정말 잊을 수 없는 두 커플을 말하지 않을 수 없다. 김봉선 선생님께서는 2018년도에 부임하셔서 5일 수업 중 2일은 다른 학교로 수업하시러 가시기에 학생들과 같이하는 시간이 다소 부족하셨다. 또한 영어 기초반을 수업하시기에 소명이와 수업에서 만나는 시간은 방과후 수업밖에 없으셨다. 다소 짧은 시간의 만남이었지만 소명이는 김봉선 선생님께 감사의 마음을 편지에 담았다. 그 편지 속에는 순수한 학생의 마음과 교사에 대한 존경심이…. 요즘 학교 현장에서 보기 드문 장면이었을 것이다.

이 두 여성 커플이 있었다면 두 남성 커플도 있었다.

어떤 미사여구(美辭麗句)를 넣지 않아도, 짧은 글이어도 눈물 남자의

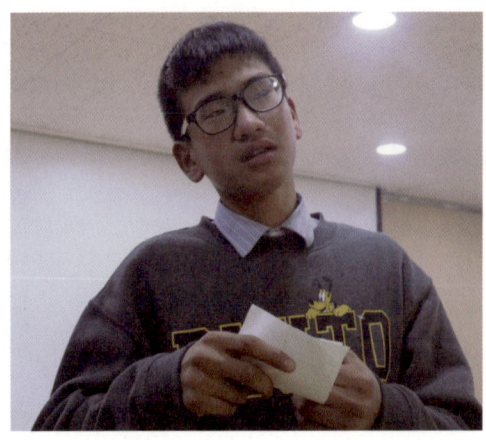

대명사 석우는 한 번도 수업을 받지 않은 송용배 선생님께 역시 감사의 편지를, 넘어 눈물 없이 읽을 수 없는 편지를 뚜벅뚜벅 읽어가며 어렵게 마쳤다. 늘 석우뿐만 아니라 모든 이들에게 따뜻함을 전해주시는 송용배 선생님께서는 학생들에게 등불 같은 존재이시다.

눈물로 읽은 제자의 마음을 교사가 (그것도 30년이 넘은 경력의 교사

가) 모르실 리가 없으셨을 것이다. 아마도 석우 머릿속에선 1년 동안 선생님의 존재와 선생님께서 주신 아빠와 같은 마음의 사랑이 눈물로 승화된 것은 아닐까! 송용배 선생님께서는 보름달보다 더 환한 미소로 구슬피 우는 석우를 따뜻하게 감싸주셨다.

이러한 순간들이 바로 잊을 수 없는 두 커플에 대한 기억이다. 더욱더 슬픈 건 이 두 남자 모두 2021년 2월을 끝으로 신양중학교를 떠날 수밖에 없는 공통점을 갖고 있다. 언젠가는 석우도 알 것이다. 3년간 석우에게 송용배 선생님이란 존재는 졸업식에 더 큰 울음을 준비해야 할 만큼 크시다는 것을.

우리가 흔히 알고 있는 스승의 날 5월 15일.

5월의 자연은 푸르른 녹색으로 물들어가는 시기이다. 교사 또한 한참 학생들과 관계 맺는 중간 시기이자 다양한 행사가 있는 시기이다. 이러한 과정 중 스승에 대한 감사를 전하는 것도 중요하지만 우리는 무엇보다 마지막 마무리가 더 중요하다고 생각하였다. 비록 40여 명의 작은 학교이지만 학생들은 교무실에 서슴없이 드나들며, 마치 선생님들을 가족(아빠 또는 엄마)처럼 생각을 하기에 이러한 아름다운 순간을 우리가 늘 만들어가고 있지 않나 싶다.

스승에 대한 감사함과 제자에게 고마움을 서로가 축하하는 희망의 촛불. 이 촛불은 비록 스스로 생명을 가질 수 없거니와 다른 이로부터 갖더라도 잠시 후 생을 마감한다. 그 짧은 순간을 위해 자신의 모습보다는 타인을 위해 환하게 비춰 주는 모습은 마치 교사가 학생들을 위해 살아가는 모습인 것 같다.

인생에 있어 새싹과 같은 학창 시절. 그 시절에 교사와 함께하는 인생을 학생들은 잠시 살아간다. 이 시절을 지나는 동안 교사는 열정과 헌신으로 학생들이 스스로 설 수 있도록 도와준다. 어쩌면 긴 인생에서 아주 잠시지만 훗날 스스로 빛을 낼 수 있도록 말이다.

학생들의 아름다운 화음. 노래를 잘 부르던, 못 부르던 그 외 다른 이유 등 보여지는 것이 중요한 것은 아니다. 학생들이 이렇게까지 준비하는 과정을 통해 사람다움을 배워가는 것이 더 중요하다고 생각한다. 이를 통해 우리는 더욱더 단단해질 테니 말이다. 이렇게 사랑하는 학생들과 함께하는 이 순간이 너무 감사하고 행복하다.

학생들과 교사들이 함께 나눈 눈물과 웃음의 바다는 결국 모두가 즐거움에 즐거움을 더하고, 행복에 행복을 더하는 아름다운 시간을 만들어주었다.

김봉선 선생님과 송용배 선생님께서 함께 하신 두 사제 간의 모습은 사람다움이 무엇인지를 보여주는 단편적인 장면일 것이다. 누군가에게 보여주기 위해서가 아닌 의도하지 않은 장면들…. 바로 작지만 강한 신양중학교의 힘이다!

학교란 '어떤 최첨단의 기계가 전통을 만들어가는 것이 아닌, 바로 사람에 의해 사람이 전통을 만들어가는 곳이다.'라고 나는 믿는다. 그러기에 교사로서 주인의식을 가지고 살아가며 모든 신양 가족 덕분에 90점 이상의 출근길을 한결같이 맞이하고 있다.

3. 속풀이

2019년 당시 3학년 학생들의 경우 마음의 상처가 있는 학생이 종종 있었다. 물론 지금은 다들 고등학교에 진학하여 코로나19 입학생이 되어 안타깝기는 하지만….

이들의 2학년 담임교사를 맡아 가정방문을 다니면서 내 마음속엔 사랑을 주어야겠다는 생각이 들었다. 때론 윤서와도 저녁을 거르면서 2시간이 넘는 끝장 상담도 하였고, 여학생들끼리도 풀리지 않은 숙제 등 여러 가지 일련의 과정들을 통해 서로 아픔도 있었지만 이들에게 성숙함이라는 삶의 선물을 주기도 했던 것 같다.

2학년 수학여행 당시 쉽지 않은 과정을 통해 제주행 비행기에 몸을 맡기며, 푸른 섬 제주에서 우리들의 4일간 추억 만들기가 시작되었다. 수학여행을 통해서 우리가 하나가 되길 바라며 속에 있는 것들을 풀었으면 하였다. 숙소에서도 자유롭게 라면도 먹으면서 이야기도 나누라고 자리를 비워주었었지만, 결과는 내가 원하는 뜻대로 이루어지지 않았다.

 때론 맛있는 간식을 통해서라도 학생들이 화합하는 자리를 만들어 조금씩 서로를 도와주며 속 이야기를 하기 시작했다. 학생들은 서로 도와주며 만든 음식으로 모든 신양 가족들에게 정성으로 꽉~~찬 샌드위치를 먹을 수 있는 행복을 선물로 주었다.

 그런데 무언가 부족하다는 생각에 교육청 상담 선생님과 함께 고민하다 수업 시간을 통해서라도 졸업하기 전에 내면에 있는 응어리를 속 시원하게 풀어주고 싶었다.

일명 속풀이 시간.

서로에게 필요한 약을 짓기 전에 자신에게 있는 증상들을 적어가기 시작하였다. 자신의 증상을 정확하게 약사님(상담 선생님)께 말씀을 드려 최대한의 효과를 구현하고자 했다. 이 과정에서도 자신의 내면을 보이기 싫어한 학생들도 있었지만 "지금 우리가 최대한 풀 수 있으면 풀고 가야 나중에 만났을 때 편안하게, 즐겁게 만날 수 있지 않을까?"라고 하면서 독려를 하였다.

나 또한 겉은 어떻게 보일지 몰라도 속은 늘 문제가 생기면 풀고 가지 못할 때가 많았기 때문이다. 어쩌면 인생을 살아가는 대부분의 사람들이 우리와 비슷할 수도 있을 것이다. 그러기에 더욱 필요한 작업이라 생각하였다.

　　상담 선생님의 도움으로 서로에게 필요한 속풀이 약을 어떻게 지을 것인지에 대해 서로가 협의를 하기 시작하였다. 최대한의 효과를 구현하기 위해 자신에게 있는 증상을 적은 것을 상담선생님 뿐만 아니라 친구들에게 전달하면서 확인도 받고 수정도 받았다. 이 과정들을 모두 마치면 자신의 처방전이 자신에게 돌아온다. 처방전을 받은 자신은 다시 한번 더 확인한 후 궁금증이 해결되지 않으면 상담 선생님께 마지막으로 조언을 받는다.

이제 자신의 약을 정해진 양과 일수만큼 짓기 시작한다. 그 약을 하나하나, 하루하루 담을 때마다 자신은 과거와 현재를 되돌아본다. '정말 나를 위한 약을 지어야지.'라고 하며 최선을 다해 한 알, 한 알을 온 맘 다해 자신의 약 봉투에 넣는다. 이는 앞으로 자신이 먹을 약을 통해 스스로 회복되기를 바라며 말이다.

내 눈에 가장 눈에 띄는 학생은 단연 윤서였다. 2학년 때 윤서와 2시간이 넘는 끝장 상담도 하였으며 윤서와의 관계에서 사실 나도 힘들었다. 자신의 약을 지으면서 이렇게 환한 미소가 얼마 만인지…. 애완동물과 함께하는 시간 및 그림 그리는 시간 외에 거의 볼 수 없기에 더욱 보람 있었다. 그만큼 윤서가 지난 시간 동안 보편적으로 무기력한 모습으로 내게 보였나 보다. 하지만 지금은 자신이 좋아하는 애완동물과 함께 할 수 있는 펫(Pet) 특성화 고등학교로 진학하는 것을 보면 내면에는 자신만의 길을 확실하게 정하고 있었던 것 같았다. 윤서는 앞으로 지금까지 신양에서 있었던 과거보다 주도적으로 미래를 만들어 갈 것으로 기대된다.

언제나 긍정의 힘을 가진 성준이. 덩치만큼이나 마음이 가장 넓은 학생 중 한 명이다. 후배들 앞에서는 규칙을 바탕으로 학생생활지도를 하는 자율 생활부장이면서 권위있는 호랑이 선배이지만, 선생님들에게는 마냥 귀여운 곰돌이 푸우다.^^

때론 눈물도 흘리고 부끄러움도 많은 마음 약한 학생이기도 하다. 하지만 무엇보다 성준이는 책임감과 성실함은 으뜸이었다. 이런 성준이가 2학년 때 담임교사였던 나에게 이러한 제안을 하였다.

(친구들이 깜짝 놀란 순간!)

"선생님, 선생님께 지금 이 순간 너무나 감사하여 감히 제가 뽀뽀를 해드리고 싶습니다!"라고 말이다. 나 또한 순간 당황스러워서 "나한테!"라고 하며 다시 한번 물었다. "너, 나한테 정말 뽀뽀해주려고!"라고 말이다. 성준이는 "네! 정말 해드릴게요~"라고 거한 약속을 하였다.

성준이 자신도 내게 던진 말이 부끄러웠던지 두 손으로 얼굴을 가려보았지만 역부족이었다. 결국, 성준이는 큰 호흡을 내쉬며 마음을 진정시킨 후 "선생님께서도 준비되셨지요? 이제 저도 사랑의 뽀뽀를 장착하겠습니다!"라는 말과 동시에 사건은 일어나고야 말았다.^^

성준이의 쿠션이 풍성한 살과 촉촉한(?) 입술이 쿠션도 없고 꺼끌꺼끌까지 한 내 볼에 입맞춤하는 순간 '이게 사랑이구나!'하는 느낌을 강렬히 받았다. 남자가 내게 뽀뽀해준 것은 유일하게 우리 아들들 외에는 내 기억으로는 없었기 때문이다.

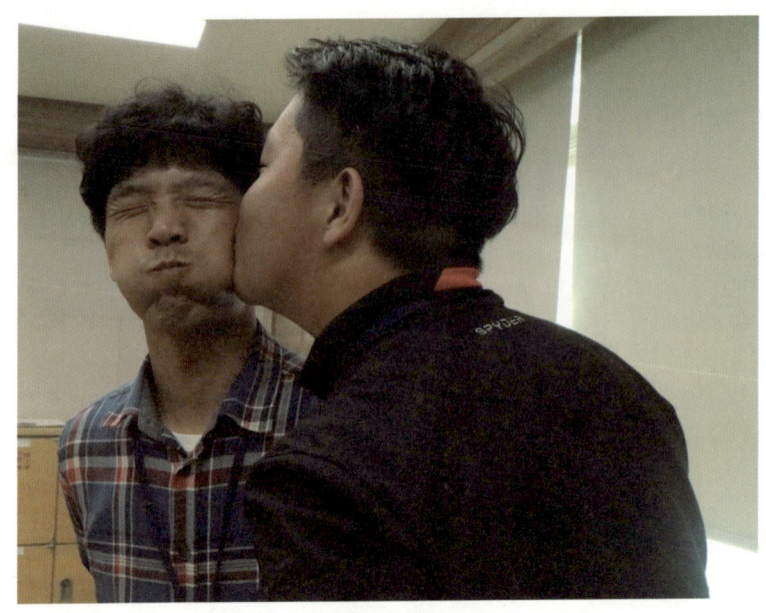

학생이 교사를 위해 이러한 표현을 해주는데 행복하지 아니한 교사가 어디 있겠는가? 속으로는 너무나 고맙고 행복하였으며, 교사로서 최고의 순간 중 하나로 영원히 기억될 것이다. 성준이의 성적은 월등하지 않지만 늘 다른 사람들이 하기 싫거나 귀찮은 일을 마다하지 않고 실행에 옮겼으며, 후배들을 위해서도 헌신하는 학생이기에 너무나 사랑스러워하였던 학생으로 늘 기억에 남는다. 반대로 나는 이러한 표현을 학생들이나 내 가족들에게도 한 적이 없기에 성준이가 위대해 보이기도 하였다.

때론 가족들에게서도 볼 수 없는 모습을 학교에서 만날 수 있게 함은 여러 선생님들께서 아낌없는 사랑과 고된 노력이 있었기에 가능했을 것이라 확신한다.

내 짧은 경험으로 교사의 몫은 이런 것 같다. 학생들이 언젠가는 변하겠지…. 조금씩, 아주 조금씩이라도…. 교육도 마찬가지일 것이다. 결코, 즉각적인 변화를 기대하기란 쉽지 않을 것이다. 이것은 가족, 회사 등 대부분 삶 또는 환경에서 그러할 것이다. 다만 희망을 잃지 않는다면 (주어진 환경마다 다소 차이는 있겠지만) 언젠가는 긍정적으로 변화할 것이다. 학생(아이)들이 희망을 잃지 않도록 하는 것이 바로 우리 교사(어른)들의 몫이다. 이처럼 학교에서의 부모는 바로 교사이며, 학생과 교사는 가족이기 때문이다.

" 내가 이미 수천 번도 넘게 말했지만
나는 이 자리에서 한 번 더 말하고 싶다.
세상에서 부모가 되는 일보다
더 중요한 직업은 없다."

》 오프라 윈프리 《

Part 2.
우연에서 인연으로 필연까지

1. 꿈사! 그게 뭐여?

학부모님의 추천으로 학교에 연결이 되어 시작하게 된 꿈사다리학교. 이 프로그램이 나에게 오기까지 여러 과정을 거쳐서 왔으며, 나 또한 2회 고사(구 기말고사)를 마친 후 기간이나 방학을 활용해야 하기에 그다지 반갑지 않은 것이 솔직한 심정이었다.

그렇게 만난 꿈사다리학교.

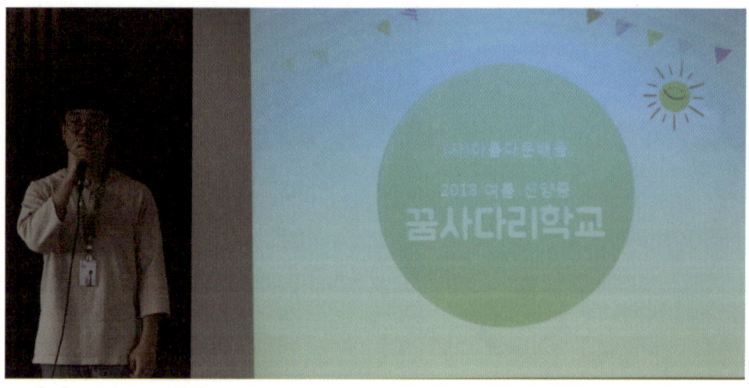

다양한 지역 및 학과에서 오신 대학생 멘토 선생님들. 먼저 박영미 교장 선생님을 비롯한 모든 선생님과 인사를 나누고 학생들과의 만남을

준비한 후 학생들이 모인 자리엔 김태환 PD님께서 이 프로그램에 대해 설명해주셨다.

학생들은 설명보다 더 중요한 것이 있었기에 겉으로는 집중하는 것처럼 보였어도 속마음은 저 하늘 위의 뭉게구름처럼 마음이 둥실둥실거리기 시작했다.

이제부터 본격적으로 시작할 시간.

내 짝꿍은 누구?

서로가 서로의 눈치작전이 시작되는 순간이었다. 지혁이(당시 2학년. 오른쪽)는 준서(당시 3학년. 왼쪽)에게 "형! 우리 어떤 대학생 멘토 선생님과 함께할까?"라고 하는 등 다른 학생들도 여기저기서 시끌벅적거렸다.

거기에 석우(당시 1학년. 가운데)까지 합세하였다. 이 프로그램 특성상 대학생 멘토 선생님 한 분당 세 명 정도의 멘티(학생)들이

한 팀을 형성하기 때문에 자신이 마음에 드는 대학생 멘토 선생님을 쌍안경으로 관찰하기 시작하여 결국 한 팀씩 짝을 이루었다. 그러면서 일어난 현상은 그렇게 교무실을 서슴없이 드나들던 학생들이 교무실에 오지도, 담임선생님들을 찾지도 않거니와 점심을 먹을 때도 얼마나 대학생 멘토 선생님들이 좋았는지 전투적으로 먹던 밥도 잠시 내려놓고 점심을 드시러 가시는 대학생 멘토 선생님들이 자신의 시선에 보일 때까지 보는 등 그동안 자식처럼 키웠던 우리 교사들은 허무하기까지도 하였다. 반면 자유로움을 느끼기도 하였지만….^^

추억을 스케치북과 같이 정해진 틀 위에 그리라는 고정관념은 어디에서부터 또는 누구에 의해 만들어졌을까? 아마 학교였을까? 아니면 교사였을까? 이것을 타파한 것은 교사가 아닌 학생들이었다. 그것도 교사와의 수업 속에서가 아닌 자유롭게 상상하는 대학생 멘토 선생님들과의 시간에서 말이다. 물론 기존의 선생님들과도 할 수 있었지만 지금이 학생들은 더욱더 자유로웠나 보다. 그래서였을까?

컷아웃 스케치 시간. 지혁이는 자연을 또 다른 스케치북 삼아 자신을 기억하는 시간이자 자신의 가장 소중한 친구와 함께 학창 시절 추억의 한 장을 남기고 싶었나 보다. 이 시기를 지나 성인이 되어 언젠가는 이

한 장의 사진으로 박장대소(拍掌大笑)를 지으며 술안주로도 할 수 있지 않을까? 지혁이와 창복이를 보면서 이러한 추억 한 장 없이 학창 시절을 보낸 것에 대해 후회감이 밀려온다. 왜 그땐 공부도 못했으면서 이러한 생각을 하지도 못했는지….

학창 시절을 지나 어쩌다 보니 20살 성인이 되었고, 대학을 졸업하고 세상에 나와 보니 27살의 20대 후반으로 접어들어 본격적인 청춘이 되어 삶의 전쟁터에 들어와 매년 나침반의 바늘이 어디로 가야 할지 모르는 것처럼 살았다. 그리고 나니 33살이 되어 소중한 아내와 아들들과 만나서 이러쿵저러쿵 지내고 나니 지금의 40살이 되어버렸다. 술안주로도 할 수 있는 청소년기의 추억도 없다는 것이 가끔은 슬프고 너무나 아쉽다.

마시멜로와 스파게티 면으로 만들어가는 높은 건물 만들기. 이번에는 자신의 팀만이 아닌 다른 팀의 대학생 멘토 선생님과 멘티(학생)들까지 두 팀이 함께 이루어져서 하는 미션이다.

꿈사다리학교에 처음으로 참가하셨다가 3번 연속으로 오신 양다현 선생님과 최진희 선생님 팀에서는 평상시에 "다현~~쌤~~~, 진희~~ 쌤~~~"하며 웃음소리가 넘치던 팀들이었는데 자주 실패하다 보니 시간이 다 되어서는 숨소리조차 낼 수 없는 숨죽임의 연속이었다.

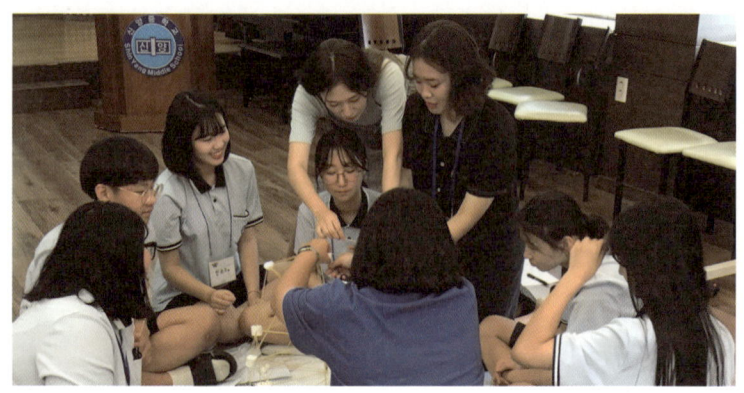

마시멜로와 스파게티 면으로 한 땀, 한 땀 흘리며 올린 우리들의 마시멜로와 스파게티 면들이 때로는 자신의 뜻대로 올라가기는커녕 "안녕~~"하며 바닥으로 확 누워버리기도 하였다. 그러나 주어진 시간이 있었기에 최선을 다해 다시 시작해보며, 멘티(학생)들과 웃으면서 때론 신중

히 올려본다. 누군가는 1등을 했지만 우리 또한 최선을 다하였고 즐기기 위한 시간이었기에 모두가 행복했다.

뭐니 뭐니 해도 꿈사다리학교의 하이라이트는 씨앗 콘서트였다. 아름다운 배움(꿈사다리학교를 진행하는 교육단체) 직원분들과 프로그램에 관해 이야기할 때 "씨앗 콘서트를 하시면 감동의 드라마가 눈앞에서 펼쳐질 거예요."라는 말을 자주 듣고는 했다.

이 콘서트는 이벤트 회사에 위탁하는 것이 아닌 대학생 멘토 선생님들과 멘티(학생)들이 직접 만들어간다.

사회를 맡은 그룹은 자신들이 가진 아이디어를 총출동시켜서 최대한으로 무언가를 짜낸다. 마치 한의원에서 한약을 최대한 쥐어짜듯 말이

다. 심지어 거기에 남은 잔재물까지도…. 멘티(학생)들의 부족한 공연 연습을 위해 초등교육과 또는 관련 동아리에서 활동하시는 대학생 멘토 선생님들께서 도와주시기도 하였다. 꾸미는 것을 좋아하는 멘티(학생)들은 꾸미기 전문가 유아교육과 출신의 대학생 멘토 선생님을 중심으로 소박하지만 정성을 다해 꾸며가기 시작하였다. 물론 직접 초대장까지도 정성스럽게 만들어 부모님들께서 꼭 참석하실 수 있도록 노력하였다.

드디어 씨앗 콘서트가 시작되는 날. 대부분의 학부모님께서 자리에 함께하여 주셨다. 떨린 마음은 준비한 대학생 멘토 선생님들과 멘티(학생)들보다 사실 내가 더 두 근 반, 세 근 반이었다. 이 프로그램 담당자이기에 컴퓨터나 방송 장비들이 이상이 없어야 할 텐데, 마지막 장식을 잘해야 할 텐데 등 머릿속엔 긴장의 연속이었다.

멘티(학생)들 몰래 대학생 멘토 선생님들께서 저녁마다 몰래 준비한 공연이 콘서트를 알리는 장막과 함께 열리며 멘티(학생)들의 환호성은 작은 인원이었지만 누구보다 열정적이었다. 비록 처음 잡은 드럼 요술봉으로 수줍은 연주와 하모니는 누가 뭐라 하여도 우리에겐 최고였다.

이를 보답하듯 멘티(학생)들도 한마음으로 합창을 하였다. 멘티(학생)들도 알고 있다. 이 합창을 마치고 이원택 선생님의 편지가 끝나면 헤어져야 할 시간과 마주하리라는 것을…. 대부분 눈물을 머금고 애써 웃음을 짓거나 속상한 마음을 감추지 못하고 씁쓸한 표정이었다. 일부 멘티(학생)들은 유리창에 이슬비가 흘러내리듯 수줍은 눈물들이 여기저기서 흘러나왔다. 각자 자신의 감정에 충실한 모습을 보면서 역시 학창 시절의 순수함은 성인이 되어보니 너무나 예쁠 수밖에 없다.

씨앗 콘서트를 마치고, 다 함께 저녁 식사까지 마치고서도 학생들은 집으로 가는 발걸음이 떨어지지 않는지 대학생 멘토 선생님들과 즐거운 추억을 남기고 있었다. 그럴 때 김태환 PD님과 나는 멀리서 이들을 바라볼 수밖에 없었다. 그것을 안타깝게 보셨는지 최진희 대학생 멘토 선생님(맨 오른쪽)께서 다가와 "선생님, 저희 함께 찍어요~"하시며 셀카봉을 들며 선물을 이처럼 주셨다. 결국, 멘티(학생)들에게 "다음을 기약하자며"…. 집으로 발걸음을 옮기게 하였다. 이렇게 하는 내 마음도 아프지만 나쁜 역할을 가장 어른인(?) 내가 할 수밖에 없었다.

사실 이번에 오신 여대생 멘토 선생들께서 첫날 학교에서 주무시는데 일반 교실의 절반에 해당하는 교실에서 주무시게 되었다. 꿈사다리학교를 본격적으로 시작하는 날 아침. 이들의 몸 상태가 궁금하여서 최다혜 대학생 대표 멘토 선생님께 여쭈어보았더니 말씀을 아끼시면서 "조금은 힘들었어요."라는 말에 '내 딸이 이렇게 잤다면 어땠을까?' 하며 안타까운 마음에 박영미 교장 선생님과 송용배 선생님을 찾아갔다.

　선생님들께 사정을 이야기하였더니 바로 좀 더 큰 교실을 쓸 수 있게 하여드리고, 더 필요한 것이 있으면 제공해 드리자는 결론을 내렸다. 진행하는 담당자로서 너무나 감사드리지 않을 수 없었다. 이 좋은 소식을 바로 김태환 PD님과 최다혜 대학생 대표 멘토 선생님께 말씀드리고 점심시간을 활용하여 교실을 옮기기로 하였다.

　종종 아이들을 재우고 보는 프로그램이「jtbc 차이나는 클라스」다. 그중 147회 김누리 교수님 편 중에서 프랑크푸르트 대학의 건물에 한 화가가 남긴 감동적인 그림과 메시지는 다음과 같았다. "아무도 추방되지 않는 세계, 그 세계 이외에 고향은 없다."라는 말. 그리고 더 좋은 곳으로 마련하지 못했음의 미안한 독일인들의 마음.

　이와는 비교할 수 없지만 우리 교직원들도 여대생 멘토 선생님들께 이러한 마음이 있기에 적극적으로 도와주는 마음이 그들에게도 전달되었을까? 무더운 여름과 열악한 환경에서 어린 멘티(학생)들이자 인생의 후배들에게 최선을 다하는 아름다운 모습을 보여주셨다.

이런 아름다운 순간을 만들어가기에 교사가 내겐 천직(天職)인가보다! 어쩌다 만난 우연이 인연으로 될 수 있을까? 그 해답은 하얀 겨울에 있다.

열흘간의 꿈같은 이야기…

꿈사다리학교라는 프로그램을 맞이한 것은 기존에 계획이 있었던 프로그램을 거의 취소해야 하는 상황이었기에 처음에는 그렇게 열정적으로 하지 못한 것 같습니다. 하지만 학생들을 위해 살아가는 교사이기에 마음을 다잡고 다시 컴퓨터 앞에 앉아서 학생들을 생각하며 시작하였습니다.

이선우 팀장님 및 김태환 PD님과 여러 번의 전화와 이메일 그리고 만남을 통해 드디어 7월 10일 전국에서 오신 대학생 멘토 선생님들과의 만남이 이어졌고, 마치 교생실습 나온 예비교사들을 지도하는 기분이 들면서 저도 젊어지는 느낌이었습니다.

우리 멘티(학생)들은 처음에 어색하기도 하고 부끄럽기도 하였습니다. 하지만 서로의 짝꿍을 맞이하며 이내 교감하기 시작하면서 함께 웃고, 노래도 부르며, 대학생 멘토 선생님들과 멘티(학생)들은 하나가 되어 '함께'라는 것에 대한 의미를 갖기 시작하였습니다. 물론 처음부터 그렇지 못한 멘티(학생)들도 있지만 한 걸음, 한 걸음씩 발전해가고 있었습니다.

대학생 멘토 선생님들을 만나면서 멘티(학생)들은 지금까지 세상에서 보지 못했던 경험을 했을 것으로 생각합니다. 그리고 멘티(학생)들은 열흘간의 순간순간마다 여러 가지의 체험을 통해 그동안 자신이 가진 생각들을 공유하며, 자신이 생각하지 못했던 것들을 친구 또는 선후배들을 통해 세상을 바라보는 눈을 지금보다는 더 넓게 보았을 것이라 믿습니다.

우리가 미처 생각지 못했던 자신만의 스케치북을 통해 또 다른 세상을 보는 컷아웃 스케치는 저에게도 여러 생각을 하게 만들었으며, 그동안 겉으로만 보고 학생들을 판단하며 지내지 않았나…. '더 깊이 보고 자세히 보아야 했는데…'하는 마음이 남았습니다.

'멘토에게 길을 묻다.'라는 프로그램을 통해 우리 학생들도 학교생활이나 세상으로 나아갈 때 꼭 추천해주고 싶은 것은 자신의 멘토를 갖길 바란다. 자신보다 먼저 걸어온 삶을 통해 자신의 인생을 설계할 수도 있지만, 자신이 정말 힘들고 지칠 때 자신의 속에 있는 것을 말하면서 치유도 되고 힘을 낼 수 있는 밑거름이 될 수 있기 때문입니다. 저 또한 저의 멘토를 통해 인생관과 가치관 등 삶의 에너지를 받고 있기 때문입니다.

이 프로그램을 진행하는 동안 미안한 친구들이 있습니다. 먼저 저의 자식과도 같은 우리 2학년입니다. 열흘 동안을 돌보지 못한 채 스스로 생활하였기에 미안하면서도 대견스러웠습니다. 두 번째로는 3학년 학생들입니다. 3학년들은 1학년 진로 수업 때부터 저와 같이 산전수전을 겪으며 체험을 했지만, 올해엔 해준 것이 없었기에 중학교 시절 진로 수업에 있어서 마지막 선물을 주고 싶었고 1학기 동안 3학년들을 볼 때마다 정말 미안한 마음으로 무거웠는데 이제는 그렇지 않아도 될 것 같습니다.

가장 걱정스러웠던 것은 1학년들이 경희대학교 진로 캠프에서 너무 만족하였는데 이 프로그램은 어떨까? 김형성 교감 선생님과 프로그램 당일 새벽 4시까지 여러 이야기를 하였는데 다행히도 학생들은 200% 이상의 만족이라 느껴집니다. 이는 적극적으로 협조해주신 선생님들과 아낌없이 베풀어주신 학부모님들께서 계셨기에 가능했습니다. 열흘 이상 수시로 대화하고 통화하면서 마치 27살 때 저의 모습과 비슷한 진행 PD이자 동생 같은 김태환 PD님께 너무 감사드립니다. 마지막으로 아낌없이 우리 멘티(학생)들에게 적극적으로 수업에 임하여준 최다혜 대학생 대표 멘토 선생님과 모든 대학생 멘토 선생님들께 감사드립니다.

잠시 일상이었던 꿈사다리학교. 대학생 멘토 선생님들께서 밴드에 우리 학생들의 이야기를 적으시면 저와 김태환 PD님께서 댓글을 적으며 하루를 마치는 순간들이 이젠 추억으로 남을 것입니다. 우리 멘티(학생)들과 대학생 멘토 선생님들이 아름다운 만남으로 시작하였듯이 아름다운 헤어짐으로 평생에 잊지 못할 선물을 주셔서 감사드리며, 다음에 또 만남을 기약하며 마칩니다. 다시 한번 모든 분께 감사드립니다.

2018년 07월 20일
꿈사다리학교의 사다리 이원택 올림

2. 웃음과 눈물의 바다

불광로와 같았던 1학기의 여름 꿈사다리학교…

학생들은 2학기가 시작되자마자 내게 물어본다. "선생님! 꿈사다리학교 겨울에도 하나요?"라고…. 꿈사다리학교를 처음 시작하기 전 프로그램에 대한 설명을 들었을 때 3년 동안 매 학기 총 6번을 하는 것이 보통이라고 하셨다. 하지만 우리 학교 같은 경우 실수로 두 번 할 예산으로 한 번에 다 썼기에 학교 자체적으로 준비할 수밖에 없었다. 그러기에 학생들에게 뭐라고 정확하게 말할 수 없어서 "너희가 원한다면 할 수 있겠지?"라고 하였지만, 속으론 '반드시 만들어볼게!'라는 약속을 다짐하기도 했다.

며칠 후 박영미 교장 선생님께 긴급 요청을 드렸다. "학생들 대부분이 꿈사다리학교를 하고 싶기에 어떻게든 해보고 싶습니다."라고 말씀을 드렸더니 최대한 예산을 모아보자고 하셨다. 어느 정도의 예산을 마련한 후 아름다운 배움(꿈사다리학교를 진행하는 교육단체) 대표님과 사무국장님께 "죄송하지만 학교에서 최대한으로 모을 수 있는 예산이 이만 큼인데 가능할까요?"라고 하니 "학교에서 그렇게까지 노력해주시는데 당연히 저희도 최대한 아낌없이 지원할 수 있도록 하겠습니다."라는 말씀에 안도의 한숨과 동시에 담당자인 내겐 너무나 큰 감사가 함께하였다. 이렇게 다시 만난 꿈사다리학교와 대학생 멘토 선생님들….

이 중 우리 멘티(학생)들을 사랑해서 또 오신 두 분이 있으니 신양중 꿈사다리학교의 감초 양다현 대학생 멘토 선생님(좌)과 작지만 강한 배터리 최진희 대학생 멘토 선생님(우)!! 두 대학생 멘토 선생님들께서 자신을 소개하실 때마다 마치 오랜만에 만난 언니(누나)처럼 가족 같은 분위기가 바로 형성되었다. 그들의 관계 사이에서 내가 낄 자리가 없는 것은 당연지사(當然之事). 꿈사다리학교를 진행할 때마다 느끼는 것이 "나는 누구지?"이지만 행복하다!

호수 위의 백조가 우아한 자태를 가질 수 있는 것은 '호수 밑 백조의 물갈퀴가 최선을 다해 노력하기 때문이다.'라고 생각한다. 바로 호수 밑 백조의 물갈퀴가 바로 나 자신이라는 것을 알고 있다. 이럴 때 비로소 대학생 멘토 선생님들이 멘티(학생)들과 온전히 화합할 수 있기 때문이다. 괜히 내가 중간에 끼어드는 것이 오히려 서로에게 방해가 될 것 같다는 것을 이미 잘 알고 있었다. 신양중학교 민원실이자 막내 교사였기에 학생들한테 조금은 배신감을 느끼기도 하지만 어쩌겠는가? 이것이 현실인걸!^^

자신의 얼굴을 자신이 만들어보는 것이 아닌 같은 팀의 대학생 멘토 선생님과 멘티(학생)들이 자신의 얼굴을 클레이로 만들어주는 시간. 단, 있는 그대로의 순수한 모습과 느끼는 감정 그대로 만들어간다. 꾸밈이 없는, 사람 그대로의 사람 말이다. 같은 팀에 선후배가 섞일 수 있으며 친구들끼리 같은 팀이 될 수 있다. 그중에서도 말에 뼈가 있는 예은이, 똑순이 은서 그리고 미소가 순수한 미송이…

이들은 너무나 다른 캐릭터지만 이 시간을 통해 하나가 될 수 있었다. 왜냐하면 '우리 친구 아이가!'이다. 그것도 진정한 친구! 서로 다름을 인정하고 자신에게 있는 날카로운 모서리를 조금씩 깎아내리면서 조약돌로 만들어가는 모습은 마치 몽당 지우개와 같았다.

선배들의 모습 속에서 후배들은 교사의 교육을 통해서가 아닌, 자연스럽게 누구나, 어디서 왔던 '우리는 가족이다.'라는 생각을 하게 해준다.

장점보다는 단점을 더 많이 생각하면서 자존감이 낮아지는 학생들을 위해 장점시장이라는 프로그램을 새롭게 만들었다. "우리 이제부터 자신이 가진 단점이 아닌 장점만을 자신의 종이에 적어보자."라는 선언으로 문을 엶과 동시에 학생들은 골머리가 아프기 시작했다. 일부 학생들은 잘하는 편이었지만 대부분의 학생들이 "이 큰 종이(B4용지)에 내 장점을 꽉 채울 수 있을까?" 하는 의문을 온몸으로 표현하기 시작하였다.

사실 현대자동차와 함께하는 미래 자동차 학교라는 프로그램으로 한 학기 동안 진로 수업을 하다 보면 학생들이 가장 어려워하는 부분이 아무것도 없는 백지 위에 무언가를 채워 가야 한다는 것에 대해 매우 힘들어하였다. 더구나 정해진 정답이 없으니 더욱 힘들 수밖에 없었다. 이러한 현상은 오히려 공부를 잘하는 편의 학생들에게서 두드러지게 나타났다. 물론 학교마다, 학생마다 차이가 있겠지만…. 이러한 과정을 반드시 해야 할 것 같아서 신양중학교에 부임한 후로 매년 모든 학생에게 이 프로그램을 진행하고 있다. 선배와 후배가 동시에 수업하면서 서로에게 다양한 부분을 서로가 배우게 되기 때문이다.

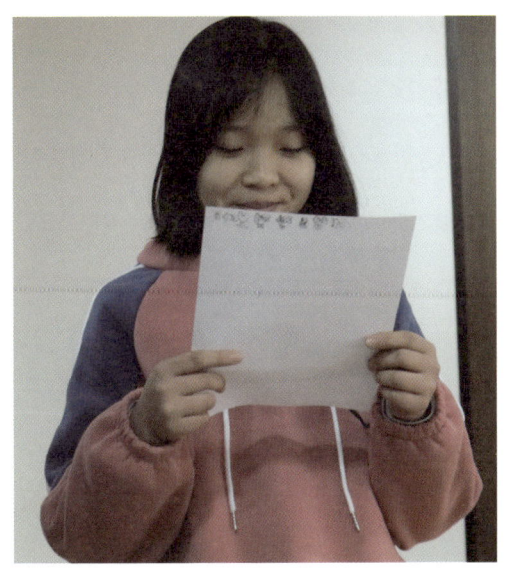
베트남에서 중도 입국한 진주. 나는 굳이 진주를 다문화 학생이라고 말하고 싶지 않다. 오히려 진주는 겉으로 드러내지 않으면서도 친구들에게 엄청난 에너지를 주며, 균형을 잡아주는 리더이기 때문이다. 누구도 따라올 수 없는 순수함과 성실함 그리고 끝까지 최선을 다하고 포기하지 않는 열정까지. 그런 진주에게는 단점이 없고 장점만이 가득할 것이라고 우리는 생각했다.

하지만 정작 본인은 그렇지 못하였다. "○○○들이 과연 장점이 될 수 있을까요?"라는 의문을 품고 대학생 멘토 선생님께 여쭈어보았더니 의미 있는 대답을 해주셨다. "장점은 결코 누군가에게 드러나는 것뿐만이 아니라 보여지지 않는 것 중 자신만이 갖고 있으며, 그것을 누군가에게 도와줄 수 있다면 장점이 될 수 있어~"라고.

그렇다! 우리가 장점이라면 "운동을 잘해", "공부를 잘해"처럼 보여지는 것도 있지만, "친구들의 말을 잘 들어줘"처럼 보여지지 않는 것도 자신만의 장점이 될 수 있다. "그동안 너무나 겉으로 나타나는 것에 우리가 초점을 맞춰서 배우거나 살지는 않았나?" 하는 되돌아봄이 필요할 것 같다. 이러한 문화를 형성하는 공감대가 하루속히 오길 희망한다. 그러면 아름다운 세상을 조금이라도 빨리 만날 수 있지 않을까!

토요일을 활용하여 몸을 푸는 명랑운동회.

감사히도 학부모님들께서 간식까지 준비하여 주심은 부모의 마음이다. 이러한 기운을 받고 멘티(학생)들은 에너지를 한가득 충전하고는 승부에 돌입하는 순간 선배와 후배, 친구들은 사활(死活)을 건다.

2학년 선배인 예원이(맨 위 중앙)는 1학년 후배인 은서를 사정없이 온 힘을 다해 눌러버린다. 은서를 바치고 있는 말(남학생)들은 "은서야~ 버텨! 버텨! 떨어지면 우리 팀 끝이야!!"라는 말에 은서는 "나도 버티고 있다고!!"하며 괴성을 외친다. 대학생 멘토 선생님께서 어느 정도의 제제가 있었지만 예원이는 귀에 이미 귀마개를 장착하였기에 그 누구의 소리도 들리지 않았다. 더구나 예원이가 선배이니 뭐라고도 할 수 없는 상황. 안타깝지만 나는 중립을 지켜야 했다. 사실 당시 예원이가 우리 반이기도 하였기 때문이다. 결국 승부욕이 강한 은서였지만 주저앉으면서 억울함을 속으로만 표현할 수밖에 없었다.

이 모든 것이 다 끝나고 또다시 이별의 축제를 준비할 시간이 다가왔다.

씨앗 콘서트. 이를 준비하기 위해 대학생 멘토 선생님들과 멘티(학생)들은 각각 팀을 나누어 여름 때처럼 준비하였다. 나는 하나하나 점검하면서 필요한 물품을 조사하였다. 나는 호수 위 백조가 아닌 호수 위 백조의 물갈퀴 아닌가! 팀별로 돌아가며 필요한 모든 것을 수합(收合)하여 정지은 대학생 대표 멘토 선생님과 함께 읍내의 문구점 등을 방문하여 최대한 진행에 차질이 없도록 준비하였다. 이들이 더욱 빛낼 수 있도록 도와주는 것이 내 사명(死命)이기 때문이다.

이러한 과정들이 즐겁지 않으면 하지 못했을 것이다. 충남 아산시의 작은 마을 거산초등학교, 송남중학교 출신이기에 우리 학생들에게 더욱 애정을 품는다. '나는 그렇게 살았어도 너희들만큼은 그런 삶을 살지 않도록…. 더 다양하고, 더 넓은 세상을 만날 수 있도록 내가 아낌없이 제공할게!' 하며 다짐하며 살아간다.

어느 유명한 공연장이 아닌 바로 여기는 예산의 작은 마을 신양에 있는 신양중학교 대강의실이다. 여기저기서 스마트폰으로 추억의 장면을 담거나 응원하는 불빛의 물결이 파도에 파도를 친다. 창문밖에는 고요한 겨울의 아늑한 밤이지만 여긴 열정이 넘치는 한증막이다.

이번엔 대학생 멘토 선생님들께서 악기 공연이 아닌 자작 및 춤으로 신양 가족들을 위한 또 하나의 선물을 주셨다.

이에 멘티(학생)들은 한 모둠이 먼저 나와서 춤을 추고, 또 다른 한 모둠이 나와서 합세하여 춤을 추는 식으로 같이 추는 등 모든 멘티(학생)가 다 함께 춤을 추면서 절정으로 향하고 있을 즈음, 내 머릿속에서 한 분이 떠올랐다.

내가 "교장 선생님! 교장 선생님!" 하며 외침으로 무대 가운데로 초대하였다. 대학생 멘토 선생님들께서도 "교장 선생님! 교장 선생님!" 하며 외침으로 나를 도와주시어서 그랬는지는 모르겠지만 박영미 교장 선생님께서는 한 치의 주저함 없이 바로 무대로 들어오시어 모든 관객의 연예인이 되셨다.

졸업생 대표로 준서가 무대에 오르며 꿈사다리학교에서의 느낀 점을 말하는 시간을 맞이하였다. "처음 꿈사다리학교를 만났을 때보다 두 번의 경험을 통해 자신도 언젠가는 신양중학교가 되면 더 좋겠지만 다른 곳에서 이러한 봉사활동을 하고 싶다."라는 말은 아름다운 배움(꿈사다리학교를 진행하는 교육단체)과(와) 내가 이 프로그램을 지속해서 하고자 하는 이유를 정확하게 말해주어 정말 고마웠다. 잊을 수 없는 그 말은 이 프로그램과 관련된 모든 분들의 바람이다.

마지막으로 숨은 조연을 다시 무대로 초대하여 주셨다. 주옥같은 글이 아닌 공감되는 이야기를 들으며 당시 3학년 여학생들이 많이 울었던 것으로 기억한다. 이 학생들은 나와 같이 신양중학교 입사(?) 동기들인데 동기를 잘못 만나 1학년 때 너무나 고생하였다.

한 예로 세계 기능올림픽대회에서의 진로 체험을 위해 예산역에서 첫 차로 용산행 기차와 전철 그리고 도보로 이동하였으며, 예상치 못한 비도 맞으면서 뛰어가기도 하였다. 또한 예산으로 내려오는 기차 안에서 먹으려다 보니 쭈글쭈글한 햄버거를 먹으며 다녀왔던 체험 등 사연은 태산같다.

이심전심(以心傳心)이었을까! 세은이가 눈물 버튼을 누르기 시작하더니 여기저기서 눈물 버튼을 누르며 눈물비가 주룩주룩 내렸다. 이처럼 학생들이 보여준 웃음과 눈물은 또 다른 기적을 만들어주길 바라며 서로가 석별(惜別)을 맞이한다. "물은 기억한다."라는 말이 있듯이 세상을 돌고 돌아 다시 우리에게 되돌아오길(졸업생들이 졸업 후 다시 꿈사다리학교 대학생 멘토로 오길…) 희망한다.

선물이라는 이름으로…

꿈사다리학교는 자신에게 혹은 우리에게 어떤 의미가 있을까? 각자가 다를 것으로 생각합니다. 저에게 꿈사다리학교는 첫째, 개인적으로 두 아이를 키우면서 많이 힘든 아내에게 큰 웃음을 준 '고마움의 선물'이었습니다. 6가지 그림으로 알아보는 심리테스트 한 것을 아이들을 다 재우고 주방에서 아내와 함께 나눈 5~10분은 우리 부부가 오랜만에 갖은 행복이었고, 아내의 그림을 해석해주면서 아내가 보인 해맑은 웃음은 정말 오랜만이라서 너무 고마운 선물이었습니다.

둘째, 교사의 입장으로 학생들에게 '미안함의 선물'이었습니다. 우리 1학년들은 이제 마지막 진로 체험을 마치면 내년부터는 열심히 공부해야 하는 시점이야. 너희들과 함께한 진로 체험은 여러 곳에서 칭찬을 듣기 시작하였고, 너희들이 적극적으로 참여해주었기에 나도 덩달아 신났던 것 같아. 어쩌면 2학기에는 너희들과 함께 살았던 것 같은데 이제는 이러한 체험을 해줄 수 없다는 미안함도 있어.

우리 반 2학년. 1학기에 이어 2학기 꿈사다리학교를 진행하는 기간 너희들을 신경 써 주지 못했고 주로 대학생 멘토 선생님들과 함께 지내다 보니 내가 담임은 맞나? 내 새끼들을 돌보지 못하는 마음에 미안했어. 그리고 곧 3학년이 되어 신양중학교의 대들보가 되니 모두가 한마음으로 적극적으로 참여하고, 너희들의 문화를 너희가 잘 만들어 갈 것이라 믿어! 너희들에게는 내적인 힘이 강하잖아!

마지막으로 3학년. 너희들이 "선생님! 우리 진로 수업은 언제 해보았는지 기억이 가물가물해요."라는 말이 너희에게 너무나 미안하였어. 왜냐하면 학교 행사, 각종 검사 및 특강 등으로 인하여 함께해주지 못함의 미안함이 가득하였기 때문이야. 다행히 2학기에도 꿈사다리학교를 할 수 있게 되어 이제는 그 무거운 짐을 내려놓을 수 있을 것 같아.

너희들은 나와 함께 신양중학교 입사(?) 동기들이기에 더욱 특별해. 가만히 생각해보았어. 너희들과 무엇을 했는지…. 2016년 9월 예산역에서 아침 7시 36분 기차를 타고 전철을 타고나서 서울 상암월드컵경기장에서 열린 세계기능대회 진로 체험을 2시간 정도 하고, 비를 간신히 피해 햄버거 세트를 먹으며 내려왔던 일(2시간 체험하려 왕복 6시간을 대중교통 이용)을 비롯하여 현대자동차 체험, 승무원학과, 응급구조사체험, 한식체험 등 다양하게 했어.

진로 체험을 통해 응급구조사의 꿈을 찾은 세은이와 (류)수진이를 비롯해 톰과 제리인 주엽이와 준서, 기모띠 재모띠, 늘 바쁜 원준이, 운동의 피가 흐르는 은석이, 일러스트의 꿈을 키우는 (박)수진이와 은주, 운동과 예능의 만능 재주꾼 (김)윤주, 힘든 체력으로 학교 학생들을 이끌어 간 채원이, 한 포스를 하는 드럼의 유나, 귀염둥이 떽떽떽 채은이…. 2016년은 18,000km 정도의 믿을 수 없는 거리를 다니며 종횡무진(縱橫無盡) 하였지.

그랬던 너희들이 이제 정든 친구들과 후배들 그리고 선생님들과 학교를 떠나야 하는 시간이 점점 다가오는구나!

이번 대학생 멘토 선생님들께도 죄송하고 감사합니다. 다른 곳보다 누추할 수도 있을지 모른 숙소에서 멘티(학생)들을 사랑하는 마음으로 이 추운 겨울 크리스마스도, 새해도 타지인 신양에서 보내시게 하여 대단히 죄송합니다. 하지만 대학생 멘토 선생님들의 열정과 헌신으로 멘티(학생)들은 또 다른 추억을 만드는 등 여러분들 덕분에 멘티(학생)들이 따뜻하고 행복한 겨울을 보냈으리라 믿습니다. 첫 번째이든, 두 번째이든 모든 대학생 멘토 선생님께서 다시 한번 신양중학교를 방문하셔서 멘티(학생)들과 함께 해주셨으면 합니다. 대학생 멘토 선생님들을 보면서

'나는 왜 대학생 때 이렇게 살지 않았나?' 하는 후회도 들었습니다.

꿈사다리학교를 뒤에서 지원하는 저는 바쁘긴 하였지만 젊은 에너지를 받아 가는 것 같습니다. 그리고 순수했던(?) 20대를 회상하며 제가 가야 할 길도 되돌아보게 됩니다. 다음에 또 꿈사다리학교를 진행할지는 잘 모르지만 지속해서 우리 멘티(학생)들에게 해주고 싶은 프로그램입니다. 왜냐하면, 숨을 고르는 시간(방학 기간)에 자신과 대화하며, 대학생 멘토 선생님이자 언니, 오빠, 누나, 형 같은 분들과 공유하고 공감하는 시간…. 어쩌면 우리가 할 수 없었던 부분들을 채워주셨기 때문입니다.

015B의 이젠 안녕 중 "안녕은 영원한 헤어짐은 아니겠지요. 다시 만나기 위한 약속일 거야. 함께했던 시간은 이젠 추억으로 남기고, 서로 가야 할 길 찾아서 떠나야 해요."라는 가사처럼 이제는 모두 각자의 삶으로 돌아갈 것입니다. 하지만 언젠가는 다시 꼭 만날 테니 너무 슬퍼하지 말아요.

꿈사다리학교를 진행하는 시간, 아쉬움을 남기며 헤어지는 모든 순간이 선물이라는 이름으로 이제 마치려 합니다. 모두 수고하셨습니다. 그리고 감사합니다.

2019년 이월 04일
꿈사다리학교의 사다리 이원택 올림

3. 이젠 약속

자신이 가진 수많은 감정을 "무엇이다."라고 명확하게 알고 표현할 수 있는 사람들이 얼마나 있을까? 생각보다 많지 않을 것이다. 그런 감정들을 표현해보는 자리를 마련하는 것도 필요하다고 생각했다. 우선 자신이 행복했던 순간을 떠올려 보면서 좋지 않았던 순간들도 떠올려 보기로 하였다.

각자 자신의 감정에 주변을 의식하지 않고 오직 자신 내면의 이야기를 써 내려가기로 했다. 때론 어느 곳에서나 조금씩은 주변을 의식할 수도 있기 때문이다. (물론 모든 사람이 다 그런 것은 아닐 것이다) 지금, 이 순간! 우리는 자신이 어떤 감정인지 알아가면서 행복해지고 싶기 때문이다. 그래서 준비한 해피 인사이드(Happy Inside) 감정세탁소.

일부 이야기를 공유한다면…. "아무 생각 없이 누구에게나 간섭받지 않을 때가 가장 편안하다."라고 말하는 멘티(학생), "짝사랑하는 남자친구가 예쁘게 행동할 때, 내게 잘해줄 때 설렌다."라고 하는 멘티(학생) 등

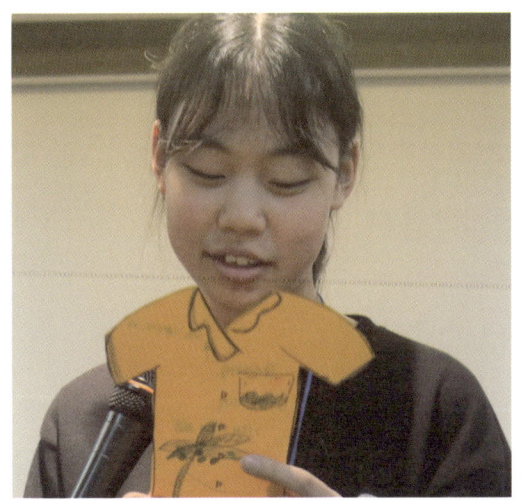

긍정적인 다양한 이야기가 나왔다. 반면 "자신의 미래에 대해 자꾸만 불안한 생각이 나거나 자신의 편이 없을 때 걱정된다."라고 말하는 멘티(학생), "누군가에게 상처받은 말이 계속 생각날 때 괴롭다."라고 하는 멘티(학생) 등 부정적인 이야기도 있었다.

어쩌면 멘티(학생)들의 이러한 생각들은 어른(성인)들과 다소 차이는 있을지라도 어느 정도는 공감이 될 것이다. 이러한 감정들이 나에게도 있다. 우리 아내와 싸울 때 가끔 "○○○빵집에 괜히 가서 당신을 만나서…."라는 말을 듣는다. 하지만 아내를 처음 만났을 때 첫 모습에 반하여 손을 잡아보고 싶은 생각, 안아주고 있을 때의 생각 등을 할 때마다 설렘으로 밤잠을 설치면서 하루를 보냈던 시절 등 이런저런 감정들이 가슴 깊은 한구석에 있기 때문이다.

편안, 설렘, 행복, 두려움 등 다양한 생각들이 자신에게 있기에 이러한 감정들을 감정세탁소에 부탁하여 스스로 지울 수 없는 부정적인 것은 친구들과 선후배들의 조언을 통해 말끔히 씻어내고, 자신에게 있는 행복을 나눔으로써 더 행복한 마음으로 다시 태어나며 서로에게 긍정적인 힘을 두 어깨에 장착하였다.

자신의 미래 모습을 구상한 그림과 글을 통해 인피니티 큐브를 제작하는 시간. 에어컨을 최대한 시원하게 설정하였지만 날씨도 무덥거니와 각자 그림과 글로 나타내어야 하는 고통 아닌 고통의 시간이었나보다. 성준이는 이내 자신의 가방에서 휴대용 선풍기를 이마로 옮기며, 뜨거운 열이 가득한 뇌느님을 식혀주어야겠다는 생각이 먼저 들었나 보다. 아마도 중학교 3학년으로서 자신의 미래를 본격적으로 고민해야 해서 그랬을 것이다.

그런 성준이에게 대학생 멘토 선생님께서는 "나도 미완성인 삶을 지금도 살아가고 있다."라고 하시면서 "주어진 지금의 자리에서 최선을 다하다 보

면 조금씩은 그 희망의 햇살을 찾을 수 있을 거야."라고 위로하여 주셨다. 교사라는 거리보다 어쩌면 가까이에 있는 대학생 멘토 선생님들의 말씀을 통해 사춘기를 겪고 있는 우리 멘티(학생)들이 더 공감할 수 있는 한 마디였을 것이다. 이렇듯 멘티(학생)들이 자신보다 조금 먼저 살아가고 있는 인생 선배들의 이야기를 통해 긍성으로 살아가는 마음의 힘을 조금씩 받아 가고 있다.

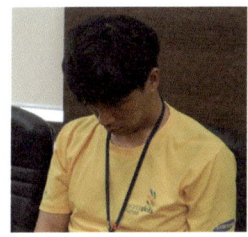

이렇게 심오한 이야기가 오가고 있는 사이에 나는 꿈사다리학교 진행 일주일을 향해 가고 있는 피로감이 누적되었을까? 아니면 왜 그랬을까? 나도 모르게 그만 졸고 말았다.^^

정말 졸음은 어느 그 누구도 이길 수 없나 보다.^^ 그럴 만도 한 것이 학교에 출근해서 교무실과 대강의실을 오가며 멘티(학생)들과 대학생 멘토 선생님들 사이에 물갈퀴 역할을 하며, 집에서 지쳐있는 아내를 대신해 17개월 된 둘째 아들을 옆에 데리고 자면서 중간에 기저귀 갈아주다 보면 또 출근할 시간이라고 알려주는 태양이 내게 신호를 보낸다. 이러함의 반복 때문이었을까? 나도 모르게 그만…^^

이번엔 과거와 미래에 대해 생각한 후 표현하고 이를 통해 현재 어떻게 살아야 할지 생각해보기로 하였다. 아직 1학년인 유경이와 미소는 이러한 주제에 약간은 당황스러운 표정이었다. 얼마 전에 초등학교를 졸업하여 중학생이 되었지만 아직은 중학교 학생으로서의 본 모습이 되기 전 이러한 활동을 하는 것이 조금은 어려울 수도 있었을 것이다.

어떻게 써야 할지, 자신이 쓰는 이 말이 맞는지 등의 여러 가지 생각들이 머리 주위를 맴돌고 있었다. 마치 놀이동산에 가면 회전목마들이 계속 돌고 있듯이 말이다. 이들과 회전목마의 공통점이 있다면 잠시 멈출 수 있게 할 수 있다는 것이다. 그 멈춤에서 우린 과거와 미래를 만날 수 있기 때문이다.

1학년들이라 더욱 힘들었기에 도움의 순간이 매우 절실했던 순간마다

선배들의 도움으로 푸른 하늘 위에 조금씩 자기 나름대로 하나씩 그려 갈 수 있게 되었다. 이러한 모습에서 후배 1학년들은 선배들의 존재감에 대해 초등학교에서 느끼지 못한 것을 느끼게 된다. 2·3학년 멘티(학생)들은 대학생 멘토 선생님들을 통해⋯. 이렇게 반복되는 삶의 과정을 우리는 교육을 통해 공감하고자 하였다.

모두가 '가장 인상 깊다.'라고 생각하는 시간. 씨앗 콘서트. 사실 2시간 정도의 콘서트를 위해 짧게는 2일, 길게는 3일 정도의 구슬땀을 흘리며 최대한 아이디어를 짜내어 준비한다. 이러한 과정들을 통해 서로가 서로에게 정(情)이 한 겹, 두 겹씩 쌓여간다. 다들 씨앗 콘서트가 끝나면 이별을 해야 함을 알면서도 모두가 최선을 다한다.

스스로의 힘으로 만들어가는 씨앗 콘서트! 어떤 한 사람에 의해서 하

고 싶지 않다. 우리는 어떠한 특정의 재능이 있음도 중요하지만, 모두가 함께한다는 것에 의미를 더 두었다. '함께한다.'라는 것은 무엇일까?

> 함께할 수만 있다면…. 협동, 융합, 시너지의 시대라고 합니다. 어느 한쪽이 가진 장점과 단점에, 다른 쪽이 가진 장점과 단점을 결합해 더 큰 장점으로 만들어가는 것을 말합니다. 그래서 둘, 셋, 다섯이 모여 서로가 빛이 나고, 서로가 빛이 나도록 도와주는 것입니다. 자기만의 좁은 원통을 부수고 나오면 새로운 무대가 펼쳐집니다.
>
> 「 고도원의 아침편지 中 」

그렇다! 함께 할 때 비로소 우리는 하나가 된다. 물론 혼자서도 하나가 될 수 있지만, 동행자(同行者)가 있을 때 그 의미는 더 커지기 때문이다.

어쩌면 이번이 마지막일 수도 있으리라는 것을 아는 양다현 대학생 멘토 선생님과 최진희 대학생 대표 멘토 선생님. 사실 이 두 분을 모시려고 사전에 대학생 멘토 신청을 꼭 부탁하였다. 본격적으로 교원 임용고시를 준비해야 하는 3학년이기에 더욱 죄송하였지만 이번 꿈사다리학교에 꼭 필요한 존재이시다. 멘티(학생)들이 95% 이상 매우 만족하며, "또 하고 싶어요."라고 말이 나오기까지는 결코 나 혼자로서는 불가능하며 대학생 멘토 선생님들을 이끌어 가실 다른 한 축이 또 필요하기 때문이다.

　2018년도 겨울에는 워낙 경력이 많은 이진 대학생 멘토 선생님께서 계셨지만 이번엔 거의 처음이신 분들이 많이 오셨기에 더욱더 그러했다. 물론 2번의 경험이 있는 분들도 두 분 계셨지만 말이다. 두 분께는 "어쩌면 이번이 마지막일 수도 있어요. 그러기에 함께 시작하였으니 마무리도 함께 짓고 싶습니다."라고 말씀드렸더니 흔쾌히 받아주셔서 다행히 우리 멘티(학생)들과 재회를 하며 이렇게 아름답게 마무리를 해주셨다.

　너무나 많은 울음을 쏟았을까? 아니면 우리가 함께 나눈 열정이 땀으로 넘쳤을까? 마치 사우나에서 방금 나온 안경처럼 뿌옇게 나온 사진. 하지만 난 이 사진을 너무나 사랑할 수밖에 없다.

이 프로그램을 사랑해서 "방학보다 꿈사거든!"이라며 모든 멘티(학생)들이 나와서 이렇게 하나가 되었다. 특히 1학년 학생들은 2학년 선배들의 추천으로 "한 번 해볼게요."라고 했다가 "선생님, 저희 꿈사다리학교 겨울에 또 해요~"라는 말에 겉으로는 "너희들이 하고자 하는 마음이 먼저야~"라고는 했지만 마지막일 수 있기에 한편으로는 더욱 미안하였다. 이러한 말이 학생들한테서 나올 수도 있도록 마법 같은 시간을 갖게 하여준 대학생 멘토 선생님들과 후원하여주신 모든 분께 감사드린다.

마지막으로 소개하고 싶은 멋진 한 분의 대학생 멘토 선생님이 계시다. 바로 정지은 대학생 멘토 선생님(맨 오른쪽). 누구보다도 멘티(학생)들을 사랑하셔서 "세은아, 준서야"라기보다는 "우리 예쁜 딸 세은이, 멋진 아들 준서"라는 등 대학생 멘토 선생님이라는 관계를 넘어 가족이라는 마음을 가질 수 있도록 하여 주셨다.

지난주 제비가 학교로 전해준 아름다운 배움(꿈사다리학교를 진행하는 교육단체) 소식지에 정지은 대학생 멘토 선생님께서 신입 교사로 발령을 받아 초등학교에서 근무하고 계시다는 소식을 접하게 되었다. 그래서 어제가 정지은 선생님의 생일이셔서 오랜만에 전화로 만나게 되었다. "선생님, 생일 축하드려요~ 근데 언제 발령이 나셨어요?"라는 말에 "2020년 3월 집 근처 인천으로요."라는 수줍은 말씀은 여전하셨다. 이런저런 이야기를 나누다가 정지은 선생님께 꼭 드리고 싶은 말씀이 있었다.

"선생님께서 어쩌면 대학생 멘토 선생님들의 선구자가 되실 수 있으실 거예요. 선생님과 같은 분들을 통해 학교 현장에서 학생들이 다양한 생각과 따뜻한 마음을 가질 수 있도록 힘드시겠지만 노력해주세요. 선생님을 통해 세상이 아름답게 변할 수 있을 거예요."라고 하며 다음 만남을 기약했다.

정지은 선생님께서는 우리 학교에서 꿈사다리학교 2회 및 다른 학교에서 1회, 아름다움 배움(꿈사다리학교를 진행하는 교육단체)에서 인턴 활동까지…. 보통의 교육대학교 학생들과는 조금은 다른 발걸음이셨다. 묵묵히 자신의 역할에 최선을 다하고 누구보다도 따뜻한 마음을 가지셨다. 이러한 분들이 더 많은 교육 현장에서 학생들에게 빛이 되어주시길 바란다. 그 빛은 자신을 비추어 주기도 하지만 세상을 따뜻하고 밝게 비춰주기 때문이다.

내게 우연히 다가온 꿈사다리학교와 아름다운 배움(꿈사다리학교를 진행하는 교육단체)을(를) 통해 사랑을 받고 희망을 받았다. "옷깃만 스쳐도 인연이다."라는 말이 있는데 3번째이니 이제는 인연이 되었다. 다만 언젠가는 다시 만나길 바라며 필연으로 이어지길 희망한다.

마법 같은 시간

꿈사다리학교를 하는 시간 동안 우리 학생들은 마법 같은 시간이었을 것으로 생각합니다. 수학여행을 마치며 방학을 하고 학교에 와보니 미소 가득한 언니, 오빠, 누나, 형 같은 대학생 멘토 선생님들께서 오신 것에 대한 신비감이 가득했을 것입니다.

하지만 대학생 멘토 선생님들께서는 4월 모집 접수를 시작으로 5월 면접 그리고 6월 1박 2일간의 집중 훈련 그리고 이 순간까지…. 우리가 아는 10일간만의 시간이 아닌 꽤 많은 시간 전부터 지금의 만남을 준비하셨습니다.

특히 신양중학교 꿈사다리학교 최진희 대학생 대표 멘토 선생님, 감초 양다현 대학생 멘토 선생님께서 직접 연락을 드려 꼭 오시라고 부탁을 드렸습니다. 흔쾌히 임용고시 준비를 잠시 미루고 어려운 시간을 내어 저희 학교에 오셔서 너무 감사드립니다. 물론 다른 대학생 멘토 선생들께도 항상 적극적으로 멘티(학생)들을 위해 헌신하는 모습에 감사드립니다.

명랑운동회 하는 날.

피구 경기를 하던 중 성준이의 공에 동생 유경이가 목과 머리를 맞은 순간. 이윽고 눈물 버튼이 작동하여 눈물을 펑펑 쏟아 내렸던 유경이. 반면 오빠이지만 어쩔 줄 모르는 성준이의 모습. 두 남매에게 꿈사다리 학교가 주는 추억의 시간이었을 것입니다. 그렇게 펑펑 울던 유경이에게 물었습니다.

"유경아, 너 집에 있었으면 뭐 했어?"라고 하니 유경이는 "저 집에서 게임하고 있을 것 같은데요. 그런데 여기서 꿈사다리학교 해서 너무 좋아요!"라고 했다. 원준이도 "선생님, 이 프로그램 겨울에도 해요?"라는 질문에 "너희들이 원하면 할 수 있지 않을까?"라고 했을 때, 힘들고 지친 몸이었지만 이러한 멘티(학생)들의 말들이 저에게 힘을 주었습니다.

사실 이번 꿈사다리학교를 시작하기까지 아름다움 배움의 사무국장님과 역대로 가장 많은 통화를 하면서 서로가 아주 힘들었습니다. 사무국장님께서는 "선생님과 제가 이렇게까지 해야 하는 이유는 학생들이 있으니깐 하네요~"라고 하셨을 때, "저 또한 그렇습니다!"라고 말씀드렸습니다 정말이지 내려놓고 싶을 때가 몇 번이고 있었기 때문입니다.

뒤에서 후원해주시는 박영미 교장 선생님 또한 많은 어려움이 있으셨습니다. 그러나 박영미 교장 선생님께서도 "학생들에게 내가 줄 수 있는 마지막 선물일 수도 있기에 아낌없이 후원하겠다."라고 말씀하셨습니다. 사실 2019학년도를 마치시면 정년퇴직이시기 때문에 더욱 이 자리를 마련하기 위해 최선을 다하셨습니다. 보이지 않은 후원자 두 분께서 계시기에 저 또한 지친 마음을 다잡고 긍정적으로 생각하기로 했습니다.

저희 멘티(학생)들은 꿈사다리학교에서 어떤 프로그램이 좋고 나쁘고도 중요하지만, 대학생 멘토 선생님들을 만나며 그 속에서 자신을 발견하여 사람과 세상에 대해 조금씩 알아가게 됩니다. 그리고 아무리 인공지능 시대가 오더라도 사람과 사람이 갖는 이 무언가의 힘은 마법 같아서 각자에게 이 시간을 통해 더욱 성장하게 할 것입니다.

저희 학생들이 얼마나 따뜻한 학생들인지도 이번 기회에 더 잘 알게 되었습니다. 대학생 멘토 선생님들께서 베개가 없이 주무신다는 소식을 듣고 '물론 봉사활동을 왔으니 그것도 하나의 과정이기에 인내해야 한다.'라는 생각도 들었습니다.

하지만 '내 자녀 또는 동생이라면 어떻게 할까?'라는 고민을 하면서 윤주와 성준이에게 이러한 사실을 이야기하고 "너희들은 어떻게 했으면 좋겠니?"라고 하니, "저희가 대학생 멘토 선생님들 베개 최대한 구해볼 게요."라고 하더니 정말 12개의 베개를 갖고 온 것이었습니다.

'우리 학생들에게 어떤 지식적인 면에 대해 심어주는 것도 교사로서 중요하지만 함께하는 것, 마음 씀씀이 등 인위적으로 배울 수 있는 것이 아닌 것들에 대해 심어주는 것이 더 중요하다고 생각합니다. 그것이 바로 인간인 우리만이 할 수 있는 것 아닌가!'라고 생각하기 때문입니다.

가장 고마운 학생들이 윤주와 성준입니다. 특히 윤주는 고입 준비를 해야 하는 과정에 있으면서 이 자리에 한 번도 결석한 적이 없었습니다. 비록 학교에서 시작된 것이기는 하지만 보이지 않는 곳에서 도와주신 여러 학부모님, 지역 주민분들께도 감사의 인사를 이 자리를 통해 드립니다. 꿈사다리학교는 학생들을 위해 학부모님들과 학교 그리고 지역이 함께하는 축제라 생각합니다.

이젠 모두가 헤어져 이별해야 합니다. 그 속에서 우리는 사랑의 체온을 나누는 안김과 눈물이 함께 할 것입니다. 하지만 우리가 기억해야 할 것은 마법 같은 시간을 함께할 수 있도록 아낌없이 지원해주신 분들, 대학생 멘토 선생님들, 멘티(학생)들 모두가 나눔을 통해 행복했다는 것입니다.

꿈사다리학교는 '박영미 교장 선생님께서도 아닌, 저도 아닌, 모두가 조금씩 협력하고, 나누고, 함께한다면 우리 학교만의 문화를 만들 수 있지 않을까?'라고 생각합니다. 이러한 문화가 지속할 수 있도록 모두가 함께하는 교육으로 발전하길 소망합니다.

마지막으로 담임인데 챙겨주지도 못한 2학년 친구들에게 미안한 마음은 가시지 않습니다. 또 언제 올지 모르는 마법 같은 시간… 우리는 이러한 순간이 계속 오길 서로 희망하며, 저의 글도 이젠 마치고자 합니다.

2019년 07월 31일
꿈사다리학교의 사다리 이원택 올림

" 선배가 하나의 징검다리를 통해
후배에게 세상을 연결해준다면,
후배는 또 다른 징검다리를 통해
다음 세대에게 또 다른 세상을 연결해준다.
선후배는 세상이 준 징검다리이다. "

≫ 이원택 ≪

Part 3.
나와 너 그리고 우리

1. 이미지 프리즘

2015년 천안동중학교에서 진로 교사로 근무할 때 꿈·끼 주간에 무엇을 할까 이것저것 탐색하며 고민하다 세계시민교육이라는 단어가 인상 깊었는지 내 마음에 '앗! 이거야.'라는 신호를 주었다. 그 신호를 통해 월드투게더라는 단체를 만나게 되었으며 다른 무엇보다 "투게더"라는 말의 친근감이 내 마음을 끌어당겼다.

이후 2016년부터 신양중학교로 부임하여 2016년과 2017년 세계시민교육 1일 캠프 및 불편한 여행(2020년 내 인생의 첫 여행 에세이 책과 동일한 이름)을 하고도 무언가의 2% 부족한 아쉬움이 계속 맴돌았다. 그래서 당시 박영미 교장 선생님께 세계시민교육이라는 주제로 진로 수업을 하고자 하는 명분을 다음과 같이 말씀드렸다.

"첫 번째, 우리 학생들이 살아갈 무대는 한국이라는 무대뿐만이 아닌 세계라는 넓은 무대로 나아갈 때 세계시민으로서의 의식(교육)이 반드시 필요하기 때문입니다. 두 번째, 과거에 우리가 받은 사랑을 지금부터라도 자발적으로 돌려줄 수 있는 공감대를 형성해야 하기 때문입니다. 마지막으로 다문화 학생들이 매년 재학하고 입학하는 현실이라면 이질(異質)적인 관계가 아닌 공생(共生)하는 관계임을 공감할 수 있는 힘을 길러주어야 하기 때문입니다."라고 말씀을 드렸다. 사회과 출신으로서 진로 교사를 마지막으로 마치시고 교장 선생님이 되신 박영미 교장 선생님께서는 심사숙고(深思熟考) 끝에 후배 교사의 의견에 동의하여 주셨다.

그렇게 시작한 신양중학교 세계시민교육.

베트남에서 온 진주는 많은 고난 속에서도 소나무처럼 늘 변치 않으면서도 따뜻한 학생이다. 이 학생의 출신국인 베트남과 한국의 공통점을 찾아 친구들과 더 끈끈하게 해주고 싶었다.

지금은 너무나 유명한 관광지인 다낭 근처의 작은 마을 퐁니·퐁넛에서의 한국군 민간인 학살에 관한 이야기를 베트남 출신인 진주도 몰랐던 사실에 대해 친구들은 더욱더 놀라워했다. 수업을 마칠 즈음 진주는 내게 "선생님께서 친구들에게 진실의 역사를 이야기하여 주셔서 너무 감사드립니다."라고 하였다. 반면 친구들은 "베트남의 이면(裏面)을 통해 진주와 더 가까워질 수 있을 것 같다."라는 말을 하였다. 이런 모습에 나 자신도 '이 수업(세계시민교육)의 첫 단추를 잘 꿰매었다.'라고 생각하였다.

학생들은 조금씩 세계시민교육에 대한 관심이 올라가고 있었을 시점에서 더 큰 세상을 바라보기 위해서는 먼저 나를 발견하고 너와 우리에 대해 발견하기 위해 이미지 프리즘이라는 주제로 수업을 진행하였다.

먼저 여러 그림의 사진 중 과거와 현재 그리고 미래 각 2장씩 선택하는 시간을 주었다. 짧은 시간이었지만 그 순간에도 여러 고민을 하며 선택하는 학생들이 있는가 하면, 즉각적으로 선택하는 학생들 등 각각 자신의 마음 소리에 집중하였다.

이렇게 선택한 6장의 사진. 각자 친구들에 대해 자신이 기존에 갖고 있던 생각과는 다르게 사진을 선택한 친구들의 이유를 들어보며 '그 사진의 의미가 너한테는

그랬구나!' 하며 놀란 표정을 지은 시원이.

그렇다. 세상은 정해진 것이 없으며 항상 변화하기 마련이다. 더구나 감정이 수시로 변화하는 말랑말랑한 청소년기는 더욱 그럴 것이다.

묵묵히 지내는 주희도, 가끔 욱하는 석우도 자신이 선택한 사진에 관해 친구들에게 막상 말하려고 하니 웃음만 나왔나 보다. 특히 석우의 웃음은 한 번 터지기 시작하면 언제 멈출지 모르기에 모둠원 친구들은 "석우야~ 이제 말해봐!"라고 할 정도이다. 수줍음 또한 많은 석우는 용기를 내어 말하면서 친구들과 한 걸음 더 친밀해지는 시간을 스스로 만들어가기 시작했다.

<주희(좌), 석우(우)>

다양한 이야기가 오고 가는 것이 마치 드라마나 영화를 보면서 시간

이 가는 줄 모르는 것처럼 45분이라는 수업이 어떻게 지나가는지도 몰랐다. 초반에 진행하는 방법만 알려줄 뿐 그 이상은 수업에 관여하지 않았다. '오히려 내가 많은 것에 대해 관여하면 방해될 수 있다.'라고 생각을 하였기에 나도 함께 이들과 같은 입장이 되어 동행하기로 했다.

소명이는 아픔이 있지만 늘 긍정의 힘으로 지내는 밝은 학생이다. 깊은 아픔이 있어서 그랬을까? 고요한 새벽의 안개 속에서 자신의 시간을 갖고 싶어 하는 미래의 사진이 인상 깊었다. 사실 나의 마음도 지금 그러고 싶기 때문이다. 한국이 아닌 라오스에서 나만의 시간을 가지며, 자연과 함께 대화를 나누고 싶기 때문이다.

친구들도 몰랐던 소명이의 마음을 (조금은) 알게 되었으며, 전보다는 자세히 바라볼 수 있는 계기가 되었다. 이는 우리가 몇 년 동안 같은 반에서 활동하고, 같은 밥을 먹으며 살아가고 있으니 잘 안다고 생각하지만 그렇지 않음을 깨닫게 해주었다.

또래보다 2살이 많아 다른 학생들보다 성숙한 진주의 이야기는 이번 시간의 수업이 만이 아닌, 세계시민교육이라는 주제에서의 목적을 말하는 순간을 맞이하였다.

"우리가 나무에게서 받은 고마움을 너무 가볍게 생각하지 않았나?" 라는 말로 문을 열며, "나무는 우리에게 산소를, 종이를, 쉼을 …. 이렇게 많은 고마움을 주는 나무를 위해 우리는 무엇을 했을까?" 하는 고민 지점을 던져주었다.

이어서 "베트남에도 사막이 있어. 그곳은 바로 무이네라는 관광지야. 이처럼 전 세계적으로 사막화의 진행 속도가 빨라지고 있기에 이로 인한 피해를 입는 세계인들도 증가하는 추세야. 그러기에 우리는 학생으로서 실천할 수 있는 작은 일이 나무

심기이며 이것이 비록 지금은 작은 실천일 수 있지만, 훗날 우리 다음 세대를 위해서는 반드시 해야 할 일 중 하나야."라고 마무리하였다. 어쩌면 진주가 선택한 미래의 사진은 우리 모두가 선택해야 할 카드가 아니었을까 한다.

모둠원들과 소통했다면 이젠 모두와 소통할 시간이다.

예림이가 선택한 사진들을 보며 가정 안에서의 행복함이 고스란히 녹아들어 보였다. 외손녀를 위해 할아버지, 할머니, 아버지, 어머니 온 가족이 서울에서 연고(緣故)가 없는 (충남 예산군) 신양이라는 곳으로 오셔서 더욱 행복한 나날들을 보내고 계신다. 그래서였을까? 자연이 준 찰나의 순간들과 자연 속에서 살아온 자신의 모습에 더욱 감사하고 있었다.

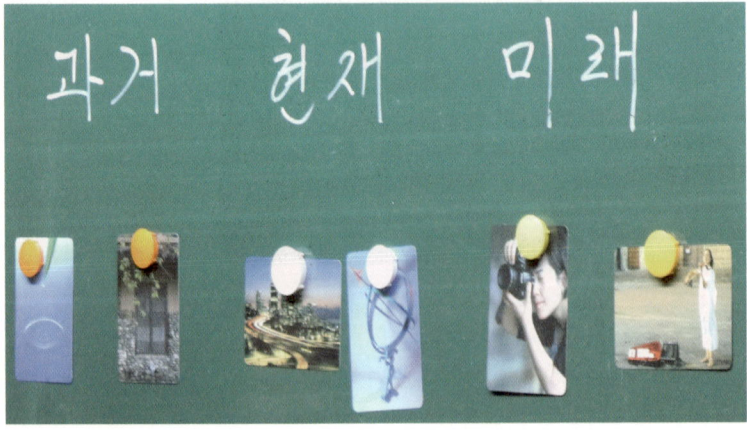

또한 지금은 정신없이 바쁜 학교에서의 생활과 예측할 수 없는 미래를 위한 준비과정을 통해 자신만의 삶을 살아가고자 하는 꿈을 준비하고 있다. 이는 가족과 함께 즐거운 곳에서의 여행과 추억의 사진 그리고 어느 한적한 곳에서 가족들을 위해 공연을 하며, 때론 가족들과 함께 공연을 듣고 싶어 하는 산골 소녀가 만들어 갈 수줍은 사랑 이야기다.

학생들은 이러한 소통을 통해 세상과 더 깊이 공감할 수 있지 않을까 생각한다. 물론 내가 하는 이 수업이 정답이라고 할 수는 없다. 흔히 국영수…라는 필수과목을 통해 학습하는 시간도 중요하지만, 다양한 과목을 통해 친구들과 세상을 살아가는 것에 대해 생각해보고 나누는 이러한 시간 또한 중요하다고 생각한다.

학교란 단순히 학생들에게 지식 함양을 위함이 아닌 배움을 통해 사람이 사람답게 살아가는 방법, 사람이 사람들과 함께 세상을 살아가는 방법, 사람이 자연과 함께 살아가는 방법 등 다음 세대를 살아가는 학생들에게 어떠한 삶을 살아가야 할지에 대해 깨달을 수 있도록 해주는 요람지(搖籃地)이다. 삶의 철학을 어떻게 만들어주느냐에 따라 다음 세대들에게 아니, 모든 세대에게 영향을 주기 때문이다. 마치 햇빛이 프리즘을 통과하여 다양한 색을 연출하듯 우리 학생들도 배움을 통해 세상에 다양한 색으로 모두가 연출되길 희망한다.

2. 다양한 세상 + 내일 = 희망

매월 한 차례씩 학생들에게 넓은 세상을 살아가고 계신 분들의 장(場)을 통하여 세상을 보는 와이파이를 최대한 생성해주고 싶었다. 그래서 KCOC(국제개발협력 민간협의회) 조대식 사무총장님, 전북국제개발협력센터 오세진 선생님, 숭실대학교 정치외교학과 마틴 코씨 아호씨 박사님, 푸라하 고유영 대표님을 초빙하였다.

첫 장(場)을 열어주신 조대식 사무총장님께서 '대사가 만난 세계시민'이라는 주제로 우물 안의 개구리들에게 세상으로 뛰어나갈 수 있는 디딤돌을 놓아주시기로 하셨다. 사무총장님께서는 아프리카 리비아와 북아메리카 캐나다에서 한국대사관 대사까지 역임하셨기에 학교에서 그것도 우리와 같은 작은 학교에서 만나 뵙기 어려운 분이시다. 2018년 세계시민교육 워크숍에서 축사하실 때 너무나 인상 깊은 말씀이 마음을 움직이게 하셨다. 비록 지금은 어떤 말씀을 하셨는지 정확히 기억은 나지 않지만 말이다.^^

당시 모든 사전 행사를 마치고 망설이다가 월드투게더 김유미 간사님께서 주신 용기로 사무총장님과 잠시(3~5분 정도) 이야기를 나누고 나서 "사무총장님, 학교 특성상 강사비가 많지 않지만 저희 학교에서 학생들의 꿈을 위해 특강을 해주실 수 있으신가요?"라는 질문에 "저 또한 교육에 대해 관심이 많습니다. 이 선생님의 뜨거운 열정을 보았으니 강사비를 떠나 일정을 잡아주시면 학생들을 만나러 가겠습니다."라고 흔쾌히 화답하여 주셨다.

이렇게 만난 세계시민교육 첫 특강!

내전이 있는 리비아. 수시로 총탄과 대포가 오가는 곳에서 한국 교민들의 안전과 삶의 터전을 위해 헌신하신 삶, 캐나다에서 한국의 전통문화를 홍보하신 삶 등 나를 비롯한 우리 학생들이 감히 들어볼 수 없는 이야기들…. 앞에서만 말씀하시는 것이 아닌 학생들과 직접 가까이에서 소통하시며, "결코 대사라는 직업이 따로 있는 것이 아닌, 작은 일부터 실천하고 세상을 다양한 시선으로 바라보고 노력한다면 누구나 할 수 있는 직업이다."라고 말씀하셨다.

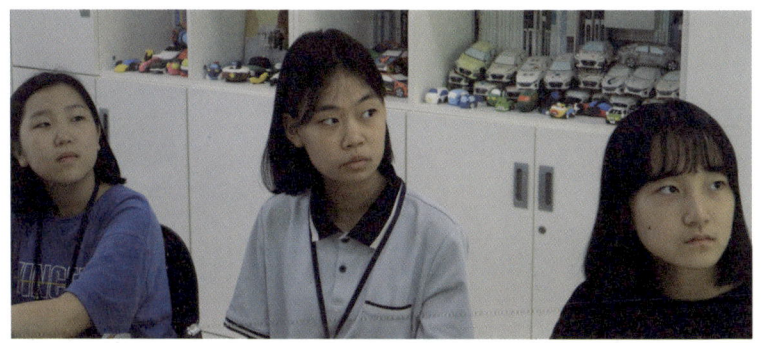

학생들로서는 마치 흰 머리의 이웃 할아버지라고 생각할 수도 있을 것이다. 사무총장님께서 갖고 계신 따뜻한 마음은 학생들의 마음에도 깊이 남았을 것이다. 특강의 막바지에는 리비아에서의 전쟁 이야기를 하여주셨다. 실제로 화염에 휩싸인 대형 버스, 여기저기서 날아온 총탄과 대포로 인한 건물들의 상처 등 무력적인 행동들을 통해 씻어내기 힘든 상처를 눈과 마음으로 보았다. 우리 학생들은 무엇을 느꼈을까? 늘 해맑은 우리 학생들은 전쟁의 장면을 보면서 마냥 해맑게 웃을 수만 없어서였을까? 잠시 동안 모두가 침묵의 무게를 느끼기 시작했다.

그래도 마무리는 해맑게 웃음으로 마무리를 짓고 싶었다. 아직 말랑말랑한 학생들이지 않은가! 사무총장님께서는 우리 학생들의 수준 높은 수업 태도에 감동하셔서 오늘은 리비아 전쟁에 대한 일부만 보여주셨기에 다음에 기회가 된다면 더 자세히 보여주고 싶으신 마음에 "전쟁의 아픔에

part 3. 나와 너 그리고 우리 107

관한 깊은 이야기를 더 나누고 싶네요."라고 하시며 다음을 기약하셨다.

두 번째, 우리나라의 아픈 역사를 찾아 자전거로 유라시아를 기행하신 오세진 선생님. '자전거 위에서 내일을 꿈꾸다.'라는 주제로 2회 연속 특강을 통해 학생들과 깊은 만남을 가지셨다. 애초 계획은 대학 선배와 함께 완주하려고 했지만 선배의 무릎부상으로 인해 중간부터는 혼자서 하실 수밖에 없으셨다. 물론 위험지역 일부는 비행기를 이용하셨으며, 한국으로 귀국하는 길에서는 시베리아 횡단 열차를 이용하셨다.

단순히 자전거와 함께하는 배낭여행이 아닌 통일 한국, 리더십 함양, 대내외 남북통일 이슈화 및 관심 제고(提高)를 목적으로 한 프로젝트였다. 거리만 30,000여 km의 대장정! 내가 20대였어도 자전거로 그 거리를 이동한다는 것은 불가능한 거리였을 것이다. 어쩌면 사이클 선수와 같은 특수한 사항을 제외하고는 9개월여간 이 정도의 거리를 다닌 사람들은 많지 않을 것이다.

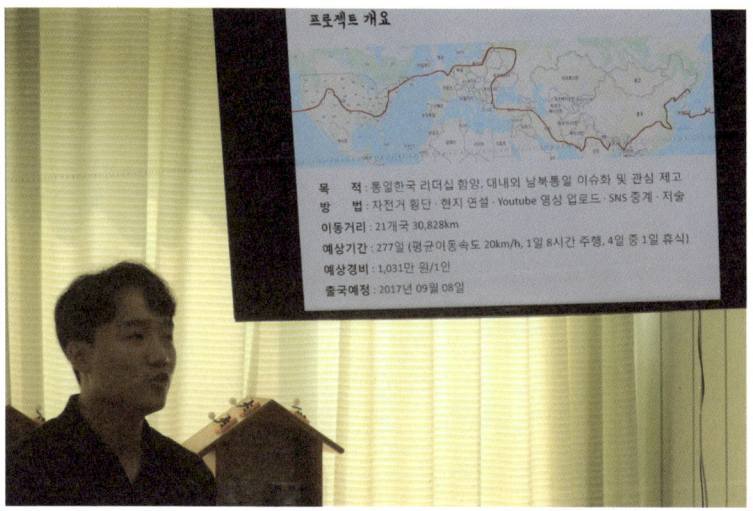

더구나 서울로의 취직 합격을 잠시 내려놓고 떠난 기행이라 지금의 청소년들에게 또는 청년들에게 깊은 인상을 줄 것이라 기대하였다. 예상은 200% 적중하였다. 선생님의 산뜻한 이야기는 방금 체육 수업을 마치고 피곤함과 나른함이 함께하는 오후의 수업에 진지 모드를 형성할 수 있게 하여주셨다.

경험담 중 하나로 한 때 사드의 보복으로 인해 중국에서 여러 숙소를 다니며 잠잘 곳을 찾아다녔지만, 한국인이라는 이유로 숙소에 못 들어

가서 호텔 로비에서 쪽잠을 자다가 공안(중국에서의 경찰)을 피해 다니며 은행 입출금 기계와 함께 뜬눈으로 밤을 지새우시던 모습을 보면서 내가 학생들과 동남아시아 이동학습을 할 때 뜬눈으로 밤을 지새우며 학생들을 병간호하던 시절이 문득 떠올랐다. 또한 선배의 아픔으로 인하여 홀로 경험해본 적 없는 해외에서의 단신(單身) 여행을 통해 자신을 이겨내며, 자신을 조절하는 법을 터득하면서 자립을 형성하셨다.

특히 인상이 깊었던 것은 베를린 브란덴부르크 문에서의 장면이었다. 나도 대학생 때 학교에서 보내 준 유럽 탐방에서 이곳을 방문하였지만 비가 와서 우비를 맞으며 걸음만 걸었던 기억이 남는다. 하지만 선생님께서는 같은 청년의 시기 및 장소였지만 나와는 확연히 달랐다.

"외국에 나가면 국가대표가 된다."라는 말이 있다. 자랑스러운 우리나라의 태극기를 옷이나 가방 등에 장식하는 경우가 대부분일 텐데 그 자랑스러운 태극기를 우리와 같은 분단의 아픔이 있는 나라의 한복판에서…. 아마도 선생님께서는 가슴에 태극기를 품으신 듯하다.

독일이 동독과 서독으로 분단되었을 때, 브란덴부르크 문은 분단선 역할을 했으며 이 문 옆으로 베를린 장벽이 둘러싸고 있었다. 하지만 베를린 장벽이 무너지고 독일이 통일된 후에는 자유의 상징이 되었다. 그만큼 우리에게는 어떠한 건물 또는 관광지 그 이상의 의미가 있을 수밖에 없었다. 그런 그곳에서 나는 무지했기에 이런 생각도, 용기도, 행동도

할 수 없었다. 하지만 선생님께서는 휘날리는 태극기를 같은 아픔을 겪은 독일인뿐만 아니라 모든 사람에게 동방(東方)의 작은 민족이지만 우리나라도 독일처럼 국민이 자발적으로 통일을 이루어 세계에 이바지할 수 있음을 알려주고 싶으셨던 것 같았다.

전주에서 올라오신 선생님께서는 항상 추억과 정(情)이 담긴 초코파이를 학생들에게 선물로 주셨다. 이것은 단순한 선물이 아니라 열정과 순수함이 가득한 선생님의 따뜻한 마음일 것이다. 누군가를 위해서 작은 것이지만 줄 수 있다는 행복. 우리는 너무나 받는 것에 익숙한 세대를 키우고 있는 것은 아닌가 생각해본다. 나 또한 실천을 잘하지 못하지만

"선물은 받는 사람보다 주는 사람이 더 기쁘다."라는 말은 딱 선생님을 위해 만든 말인 것 같다.

하나의 세상이지만 각각 다양한 색채인 초코파이들처럼 학생들도 각자의 개성대로, 취향대로 초코파이를 통해 오감을 느끼기 시작하였다. 이 초코파이를 통해 학생들은 자신이 얼마나 세상을 위해 베풀고 살았는지에 대해 돌아보기는 계기가 되었을 것이다.

선생님께서는 한국으로 돌아오는 마지막 일정을 시베리아 횡단 열차에 몸을 맡기셨다. 그곳에서 우연히도 고향으로 돌아가시는 북한의 한 주민과 만남 이야기는 허심탄회(虛心坦懷)로 시작하여 허심탄회(虛心坦懷)로 마치는 과정이었다. 아마도 그분께서 유독 좋아하시는 말이셨나보다. 어쩌면 정말 가슴 깊은 곳에 한(恨)이 많으셨을지도….

횡단 열차 중 가장 저렴한 가격의 좌석. 그곳에서 수많은 시간 동안 두 분께서 통일에 관해 이야기하신 내용 중 기억에 남는 한 마디가 있었다. 그것은 "남한과 북한은 다른 민족이 절대 아니다. 얼마나 생명력이 강하고 현명한 민족인가! 그러기에 우리 후손들에게는 반드시 하나가 되는 길을 열어주어 세계만방(世界萬方)으로 뻗어갈 수 있게 해야 하지 않겠는가!"라는 말씀을 들으며 '다음 세대인 우리 학생들에게 통일에 대한 올바른 인식을 주어야 한다.'는 다짐을 하게 되었다.

선생님의 이야기는 우리 학생들에게 신선한 충격이었다. 안정적인 길을 가고자 하는 와이파이를 도전하는 길의 와이파이로의 전환하는 힘을 주셨을 뿐만 아니라, 그 와이파이를 통해 세상을 아름답게 변화시킬 수 있다는 힘까지 심어주셨다.

세 번째, 숭실대학교 정치외교학과 마틴 코씨 아호씨 박사님. 아프리카 토고공화국에서의 고교 시절 역사와 지리 공부를 하던 중 분단된 나라 한국을 보면서 토고 영토의 반쪽이 강국에 의해 이웃 나라 가나로 편입되어 상처가 있는 점이 동병상련(同病相憐)으로의 공감대를 형성하셨다고 한다. 그래서 한국의 문제를 푸는 것에 대해 도움을 주고 싶으시며, 한중일의 대(對)아프리카 진출 정책을 연구하시기에 이분을 통해 현지인이 말하는 아프리카에 대해 알려주고 싶었다.

　60여 년의 전통이 있는 신양중학교에서 1학기 일본인 강사님에 이어 2학기 토고인 강사님의 등장은 교장 선생님을 비롯한 대부분의 교직원분과 학생들은 다소 놀란 표정을 감출 수 없었다. 그러면서 내게 "선생님의 네트워크는 도대체 어디까지이세요?"라는 말에 난 "사실 다 월드투게더에서 연결해주셨어."라는 겸손을 보였다. 실제로도 그렇기 때문이다.

　박사님께서는 학생들에게 "아프리카에 대해 어떤 생각이 드나요?"라는 질문으로 마음의 문을 조금씩 열어가기 시작했다. 대부분 긍정의 답변보다는 "가난해요.", "너무 더워요.", "사막이 많아요.", "부정부패가 심해요." 등의 부정적인 이야기가 많이 나왔다. 이내 박사님께서는 "우리 아프리카는 꼭 그렇지만 않아요. 대평원에서 사는 여러 동물, 따뜻함과 순수함을 가진 민심 등"이라고 하시며 우리가 미처 알지 못하였던 긍정적인 이야기를 해주셨다.

순간 2019년 여름 인천 처가에서 무더운 여름을 잠시 보내러 갔던 중 짧은 추억이 생각났다. 물놀이 하고 싶다는 큰아들(예석이)과(와) 함께 처가 앞의 물놀이장에서 우연히 외국인(리비아 국적) 누나와 동생들을 만났다. 어색함을 벗기기 위해 동남아시아 원주민(?)이 나섰다.

"얘들아, 너희들 어디서 왔어?"라는 말에 누나가 "저희 리비아에서 왔어요."라고 대답하더니 예석이가 "어! 모로코 근처에 있는 나라 아니야?"라고 하는 말에 누나는 '어떻게 모로코와 리비아를 알지?'하는 놀라운 표정을 지었다.

2019년도부터 예석이는 EBS 세계테마기행을 종종 보곤 했는데 그 첫 만남의 국가가 국기에서도 알 수 있듯이 열정의 나라 모로코였고, 나와 함께 세계지도에 국기를 붙이는 놀이를 하면서 리비아도 알게 되었다.

아프리카인이라고, 아시아인이라고 굳이 구별을 짓기보다는 우리는 다 같은 사람이다. 어른들에 의해 일어나는 편견. 하지만 이렇게 순수한 아이들은 국가 또는 지역이 중요한 것이 아니라 함께 할 수 있느냐에 관점을 더 갖는 것 같다. 나도 한 사람의 아빠이기에 함께 물장구를 치며 놀았던 기억이 난다.

이어 두 형제의 누나는 잠시 쉴 때 내게 물었다. "아저씨는 아프리카 하면 무슨 생각이 나세요?"라는 질문에 "아프리카는 앞으로 동남아시아와 함께 발전성이 높은 곳이야!"라고 하니 "아저씨처럼 리비아라는 나라를 아시고 아프리카에 대해 긍정적으로 말씀해주신 어른은 드물었어요."라는 말이 내겐 '한편으로 우리가 아프리카에 대해 너무 무지하구나. 그러니 세계시민교육 중 아프리카에 대해 더 힘을 내야겠다.'라는 마음을 다지곤 하였다.

학생들에게는 다소 어려운 '아프리카의 정치와 경제'라는 내용의 강의였지만 아프리카에 대한 묵은 때를 씻어낼 수 있었다. 물론 일회적으로 아프리카에 관해 이야기한 것은 아니다. 이전에 조대식 사무총장님께서 리비아에서 외교관으로 근무하신 이야기도 있었지만 무언가 말랑말랑한 이야기가 필요하였다.

그래서 마지막으로 모든 학생을 대상으로 공무원이라는 안정적인 자리를 과감히 내려놓고 아프리카로의 배낭여행을 통해 아프리카의 발전 가능성을 보시고 과감하게 도전하신 「아프리카에서 화장품 파는 여자」 저자이기도 하신 고유영 푸라하 대표님과의 특강을 마련하였다.

대표님께서는 아프리카 배낭여행에서의 솔직담백한 이야기로 시작하셨다. 어떤 정책 전문가가 아닌 우리 일반적인 사람의 재밌는 이야기이기에 학생들의 귀는 쫑긋, 눈은 반짝일 수밖에 없었다.

특히 킬리만자로산 정상까지 올라가시면서 고산증으로 인한 어려움이 극도에 달한 상황. 정상에서 태극기를 휘날리는 사진을 보여주시면서 정작 대표님께서는 "잘 기억이 나지 않아 안타까움이 남는다."라고 하셨다.

여성이어서 같은 공감대를 형성하셨을까? 아니면 화장품에 대한 관심이 많으셔서 공감대를 형성하셨을까? 여행을 마치신 후 아프리카 여

성들에게 맞는 화장품을 개발하시기로 마음을 다잡고 불모지의 땅에서 희망의 땅으로 개척하시고 계신다.

지금은 미용학교도 진행 중이시며, 더구나 나이지리아의 남편(오른쪽)과 함께하시기에 더 밝은 미래가 기대된다. 얼마 전에는 출산용품을 드리기 위해 우리 집에도 방문하셔서 마비스(대표님 남편)님과 예석이가 짧은 영어로 대화(?)까지 나누는 영광을 누렸다. 지금도 아프리카에 대한 방송을 보면 "나이지리아 아저씨 사는 곳이다."라며, "나이지리아에 가고 싶어!"라고 하는 것을 보면 '모르는 사이에 예석이가 조금씩 아프리카에 대해 친근함을 나타내고 있구나!'라는 것을 느꼈다.

나 자신도 인도차이나반도를 경험하기 전까지는 부정적인 면으로 대부분을 차지하였지만 경험을 통해 지금은 인도차이나반도의 나라를 사랑하는 사람으로 변하였다. 학생들에게 실제적인 체험을 지금 당장 해줄 수는 없지만 세계시민교육을 통해 일명 잘사는 나라라고 말하는 선진국보다는 앞으로 발전 가능성이 있는 동남아시아와 아프리카에 대해 다소 비중을 높여서 이들과의 공감대를 형성할 수 있도록 노력할 것이다.

이렇듯 다양한 세상을 살아가시는 분들을 통해 학생들도 다양한 세상으로 나아갈 꿈을 이룰 수 있도록 해주고 싶고, 다음 세대인 학생들에게 내일의 문을 활짝 열어주고 싶다. 그래서 이들에게 "넓은 세상이 있기에 희망이 있다."라고 말해주고 싶다.

3. 무지개

뙤약볕이 본격적으로 시작되는 시기.

우리는 2박 3일간 독립과 자유를 향해 함께 떠나는 배움 여행(기존 수학여행)이라는 주제를 통해 대중교통과 자신의 발로 100년 전과 마주하였다. 학생들끼리 4 모둠으로 나뉘어서 선후배 및 친구들과 서로 협력하여 목적지를 찾아가면서 실패와 성공을 마주하는 인생의 짧은 면도 볼 수 있었다. 이러한 과정을 마치고 예산역에 내려 여름 방학식을 맞이한 다수의 학생들… 이와는 반대로 일부 학생들은 나와 함께 내일 아침 첫 기차를 타고 서울로 향해야 한다. 여독이 풀리지도 않았는데….

하지만 우리 예쁜이들은 즐거운 마음으로 아침 햇살과 함께 용산행 기차에서 설렘 반, 기대 반. 누구와 만날지 모르는 물음표의 연속 끝에 만난 노리코 선생님과 박지연 선생님 그리고 나의 영원한 멘토 김유미 과장님(김유미 간사님과 동일 인물). 학생들은 전에 '세계시민교육'이라는 주제로 학교에서 일일 캠프 할 때 만났던 것을 기억하며 해맑은 순수한 미소로 반갑게 인사드렸다.

　먼저 가벼운 마음으로 각자가 가고 싶은 나라를 말해보는 시간을 가졌다. 그중에서도 진주는 나의 뉴런들을 쉴 새 없이 움직이도록 자극하였고, 내 눈과 귀는 진주에게 향할 수밖에 없었다. 나의 첫 자서전 불편한 여행의 겉표지 앞뒤면 모두가 라오스와 관련된 사진을 설정할 만큼 내 마음의 고향 라오스를 사랑하기 때문이다.

　한국어가 유창하신 노리코 선생님께서 "수많은 나라 중 왜 라오스를 선택하였나요?"라고 물으시니 진주는 "저희 담임선생님께서 라오스에 관한 다양한 이야기를 많이 하여주셨고, 제 고향 베트남의 이웃 나라이기도 하여 너무 궁금하기 때문이에요."라고 대답하였다. 진주는 하노이

근처의 작은 마을 하이즈엉 출신으로 한국에서 독학으로 한국 국적을 취득하여 2020년에 최진주라는 아름다운 이름으로 다시 태어났다. 이와는 다르게 친구들은 유럽 등 선진국을 선호하였다. '어디가 좋다고는 단정 지을 수 없지만 자신의 마음이 가는 곳으로 향하는 것이 맞다.'라고 개인적으로 생각한다.

이어 다양한 세계 문화체험을 많이 하신 일본어 선생님이자, 요가 선생님이신 노리코 선생님께서 인도네시아의 마을 학교에서 현지인들과 함께하셨던 생활, 음식 등 선생님의 경험담을 통해 우리 학생들은 세상을 바라보는 시각이 더 넓어지기 시작했다. 중간중간 학생들과의 질의응답 시간엔 노리코 선생님께서 하나라도 더 알려주시려는 열정을 보여주셨다. 학생들에게 자신의 경험을 알려주어 지금보다는 더 나은 살맛 나는 세상을 만들어 갈 수 있도록 해줌이 교사의 역할 중 하나라고 생각한다.

마지막으로 노리코 선생님께서는 함께함을 얼굴로 표현하고 싶으셨다. 자신이 자신의 얼굴을 그리는 것이 아닌 타인이 내게 정성을 담아 그린 그림들…. 이 과정을 통해 느낀 것은 개인의 생각대로 만들어가는 세상보다는 개인이 모여 함께 만들어 갈 때 자신이 미처 생각하지 못했던 모습들을 볼 수 있기에 더욱 아름다운 것 같다. 정성스럽게 마음을 담은 그림을 보며 각자의 소원을 말하는 시간도 함께 가졌다. 그 소원을 공유하며 서로에 대해 더욱 가까이 가고자 하였다.

농사를 짓고 계신 부모님을 위해 시간이 날 때마다 도와드리는 진주는 이렇게 넓은 세상을 학교라는 매개체를 통해 조금씩 만나가고 있는 듯 하였다. 그래서였을까? 자신의 소원 중 하나가 "청년이 되면 월드투게더에서 인턴으로 일하면서 어려운 이웃들을 위해 자신이 받아온 사랑보다 더 그들에게 나누어주고 싶다."라는 말을 듣는 순간 '교육이 이래서 중요한가보다.'라는 생각이 들었다. 결과물이 즉각적으로 나오기는 힘들지만 조금씩 긍정적으로 변해가는 말랑말랑한 이들을 보면 다시금 교육의 중요성에 대해 곰곰이 잠긴다.

월드투게더 대표님과 함께 중식 식당에서 점심을 먹은 후 오후 프로그램의 문을 열었다. 이번에는 종이 볼펜 통 안에 다양한 색깔의 볼펜들을 각자의 생각대로 만들어보는 '다양성'이라는 주제로 만들어 가보려고 한다.

그러기 전에 먼저 학생들에게 각자가 가진 카드의 언어 · 종교 · 인사말 등을 통해 공감대를 형성해보았다. 서울에 와서 다시 만난 선생님들과도 함께 웃으면서 즐길 수 있거니와 몰랐던 정보에 대해 알 수도 있었다. 이렇듯 세대를 넘나들며 낯섦에서 익숙함으로 변화되는 순간 우리는 조금씩 하나가 되어간다.

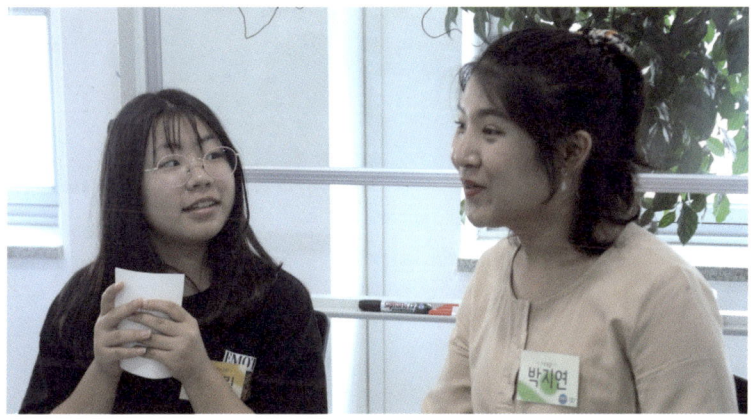

본격적으로 각자의 다양성을 발휘할 시간. 모든 세포를 모아서 볼펜들에게 집중하는 예쁜이들. 정답이 없는 문제에 친구들을 보면서 자신들만의 볼펜을 만들어 가본다. 그래도 아직은 두 발을 온전히 담그지 못했을까? 계속해서 서로의 눈을 마주친다.

그러던 중 오늘의 에이스가 금성에서 도착하였다. 그녀는 누구보다도 수줍은 미소와 함께 손가락빗으로 머리카락을 가볍게 풀며 아이템을 장착하였다. 그리고 나서 여기에 모인 지구인들에게 "무엇이 다양성인지 지금부터 내가 시범을 보여줄게."라고 말하며 초능력을 발휘하기 시작하였다.

모든 것을 장착한 후 오로지 볼펜에 집중하기 시작한 금성인. 지구인들은 대개 검은색 볼펜이라면 머리와 꼬리는 검은색 그리고 가슴은 흰색으로 꾸몄다면, 금성인은 머리와 꼬리 그리고 가슴에 자신만의 신호

로 다양한 색을 창조하였다. 그녀는 바로 오늘의 MVP 정은이다. 정은이의 이러한 모습을 담임교사로서 볼 수 없었던 면을 이 자리를 비롯하여 만날 수 있게 되었다.

그렇다! 사람은 한 면만 보고 판단해서는 안 되며, 공감할 때 더욱 진면(眞面)을 볼 수 있다는 것을…. 교사 경력 10년이 넘어서 비로소 깨닫게 되는 순간들이었다.

지금까지 내가 하고자 하였던 세계시민교육은 무엇일까? 전 세계에서

일어나고 있는 상황에 대해 학생들에게 지식적으로 알려주며, 그것을 통해 학생들이 세상과 공감할 수 있도록 해주는 것만은 아니다. 어쩌면 이러한 교육은 이미 어디서든 받았을 수도 있을 것이라 생각한다.

그러기에 실제로 학생들이 세상으로 나아갔을 때, 행동으로 실천할 수 있는 힘과 자신만이 아닌 다른 사람들과 함께 살아갈 수 있는 힘을 길러주는 세계시민(施民)교육을 하고자 하였다. 사람과 자연에게 베풀며 살아가는 아름다운 세상을 만들어가는 첫걸음이 바로 세계시민(施民)교육이라 믿기 때문이다. 이러한 과정을 통해 시민(市民)을 넘어 시민(施民)으로 성장할 것이다. 그러기에 이제 우린 이러한 교육을 통해 다양한 무지개가 세상에 널리 퍼지도록 노력해야만 한다.

"교육은 그대의 머릿속에
씨앗을 심어주는 것이 아니라,
그대의 씨앗들이 자라나게 해준다."

》 칼릴 지브란 《

Part 4.
생태·환경교육
= 삶

1. 시나브로

대학 시절 전공한 과목은 환경이다. 아직은 한국 교육 현장에서 환경 교과를 채택하여 수업하는 학교가 그렇게 많지 않은 것이 현실이다. 또한 최근 10여 년간 환경 교사를 뽑지 않았다는 것도 현실이다. 그러하더라도 학생들에게 환경교육에 대한 필요성을 알려주고 싶었다.

월드투게더라는 NGO 단체에서 연수를 받았을 때 가장 인상 깊었던 수업이 지구의 기온을 0.1℃라도 낮출 수 있는 방안을 모색하는 UN 기후위기 모의 정상회담 프로그램을 말랑말랑한 학생들과 함께해보기로 하였다.

G2(미국, 중국), 선진국(일본, 유럽연합 등), 개발도상국(인도), 기타 개발도상국(아프리카 대표 등)으로 분류한 후 학생들 스스로가 원하는 국가 또는 지역을 선택하기로 하였다. 각 국가 또는 지역의 대표는 두 명(대통령, 환경부 장관)이며, UN 사무총장을 1명으로 배정하였다.

정상회담을 참석하기 전에 자신의 국가 또는 지역에서(5가지 영역별 기준 목표에 대해) 사전 협의를 하였다는 가정하에 협의를 시작하였다. 먼저 1차 협의로 국가별 또는 지역별 대통령끼리, 환경부 장관끼리 협의를 하기로 하였다. 그 이유는 각자의 직급에 따라 기후위기에 관한 생각의 차이가 다소 있을 수 있기에 먼저 직급에 따라 회의를 시작하였다. 이 순간만큼은 한국이 아닌 자신이 선택한 국가 또는 지역의 입장에서 국민이자 (고위) 공직자가 되어보는 시간이기도 하였다.

1차 협의가 끝난 대표들은 다시 국가별 또는 지역별로 모였다. 가장 많은 환경 부담금을 지급해야 하는 미국으로서는 다소 곤

란한 입장을 표정에서도 알 수 있듯이 두 대표는 대표국으로서, 차기 정부를 위해서 등 다양한 생각들이 교차하였다.

이들은 전 세계 지분의 최대 15% 정도를 지급해야 하기 때문이다. 그렇지 않아도 어려운 경제 환경 속에서 더욱 자국민들에게 부담을 줄 수밖에 없는 상황이라 다소 심각하였다. 그래도 전 세계 대표국의 역할을 하자는 결론을 짓는 순간 두 대표는 단순한 중학생이 아닌 정말 미국을 대표하는 사람인 줄 알았다!

미국이 환경부담금 지급에 대한 문제를 심각하게 고민했다면 인도는 두 가지 고민에 빠졌다. 먼저 자국의 공해 문제를 어떻게 해결할 것인지에 대한 고민이다. 화석연료를 많이 사용하며 대중교통이 선진국만큼은 발달하지 않았기에 공해 문제는 환경 부문에 대한 큰 고민거리 중 하나다. 그러기에 기술력을 보강하여 친환경 교통수단 등을 개발해야 함을 강조하는 모습이었다. 또한 환경 부담금 지급에 대해서도 빈부격차가 워낙에 심하기에 특정 계층에만 해야 할지, 모든 국민에게 차등적으로 부담을 주어야 할지에 대한 고민이 있었다. 두 대표는 5개년 계획을 통해 친환경 도시 개발 정책을 펼치면서 차등적 세금을 선택하였다. 이것으로 끝난 것이 아니다.

다시(2차 협의) 모인 대통령들과 환경부 장관들…

인도 환경부 장관은 앞서 말한 바와 같이 5개년 계획을 통해 친환경 도시 개발 정책을 펼치면서 차등적 세금을 선택하였으니 타국의 대표들에게 긴밀한 협조를 요청하였다. 그중 같은 아시아 국가인 중국과 일본은 적극적으로 협조를 하기로 약속하였다. 개발도상국도 기후위기에 적극적으로 동참하되 기술적인 부문에 대해 요청을 하였다.

2차 전체 협의가 끝난 대표들은 다시 국가별 또는 지역별로 모였다. 마지막 3차 협의를 맞이하기 전 최종 전략을 설정하기 위해서다. 이번 회의를 통해 결정이 되는 만큼 신중함과 한편으로는 자신들의 입장을 설정하여야 한다. 다만 우린 공동체라는 것을 잊지 않기로 하였다.

세계에서 미국과 어깨를 나란히 할 만큼 부상한 나라 중국.

그들은 0.1℃를 낮추기 위해 지금보다 더욱 적극적으로 대처하겠다는 견해를 밝혔다. 최대한 지구의 기온을 낮추기 위해서 2030년부터 매년 이산화탄소 발생량을 2.5%씩 감소시키겠다고 하였다. 이를 결정하기까지 이들은 얼마나 많은 고뇌를 하였을까? 그렇지 않아도 여러 나라와 접경하고 있는 중국이기에 마주하고 있는 이웃 국가들을 생각하지 않을 수 없었다. 지금까지는 대부분 경제 발전을 위해 생각했다면 앞으로는 중국 자신을 돌아보며 이웃 국가와 지금보다 더욱 적극적으로 협력하는 자세를 갖기로 하였다.

세계를 대표하는 국가들의 적극적인 협조 속에 긍정적인 분위기는 훈훈한 결과를 만드는 기폭제가 되었다. 일본 및 유럽연합에서도 자신들의 노하우(정책, 기술력 등)를 공유하여 하나가 되는 공동체를 지금부터라도 더욱 적극적으로 만들자는 움직임이 나타나기 시작했다. 여기에 모인 대표 모두가 자국민들에게는 자신들이 정부 차원에서 충분히 공감할 수 있는 문화를 만들겠다는 다짐까지 하는 분위기가 속출하였다. 이를 통해 서로가 협력 및 지원 방안에 대한 합의를 내렸다.

<일본 대표(좌), 유럽연합 대표(우)>

3차 협의로 모인 대표들. 지금부터는 각 국가와 지역에서 수학적인 계산을 할 시간이다. 일단 각각 자신들이 수치상으로의 목표량을 UN 사무총장에게 발표해야 한다. 각 대표는 자신들이 생각한 수치에 따라 지구의 기온이 얼마나 변화가 있을지 궁금한 표정들이었다.

컴퓨터에 결정된 수치를 입력하자 그래프가 실시간으로 아주 조금씩, 조금씩 지구의 기온은 시소를 타면서 목표지점을 찾아가는 여행을 시작하였다. 대표들은 모두가 모인 자리에서 자신들의 생각보다 더 큰 수치를 입력해야 지구와 늘 함께 있을 수 있다는 것을 깨닫게 되었다.

그리하여 전체가 모인 자리에서 추가 협의를 UN 사무총장에게 요청한 것이 받아들여져서 한 번 더 기회를 얻게 되어 이번에는 더 강력한 노력을 하기로 하였다.

어쩌면 이 시간이 다소 힘들었겠지만 이러한 과정을 통해 학생들은 각자 다르겠지만 기후위기에 대해 무언가는 깨닫게 되었을 것이다.

지구의 기온을 0.1℃라도 내리는 것이 얼마나 힘든지를 학생들은 짧은 시간이었지만 몸소 느꼈을 것이라 확신한다. 또한, 자신의 힘으로만이 아닌 공동의 힘으로 해야 함을…. 그 외에도 이러한 것들이 있을 것으로 생각한다.

첫 번째, 어떠한 정책을 펼치는데 있어 여러 의견을 존중해야 하며, 한 번에 결정하는 것이 아닌 여러 차례의 협의를 통해 협력하여 결정해야 한다는 것을.

두 번째, 강자만이 사는 세상이 아닌 약자와 함께 사는 세상이며, 약자도 도움을 받는 것만이 아닌 함께 행하였을 때 더 큰 열매를 맺을 수 있다는 것을.

세 번째, 생태·환경교육이 왜 학생들에게 이 시점에라도 반드시 필요한지를 말이다. 지금 이 순간이라도 하지 않는다면 미래는 없을 것이다. "나부터라도"라는 말을 학생들에게 자주 한다. 나부터라도 시작해야 세상이 변화할 수 있기 때문이다.

지구를(또는 자연을) 사랑한다는 것은 이런 것 같다.

불편하거나 힘들지만 누군가는 해야 하며 이는 나로부터 시작해야 한다는 것이다. 그러기에 생태·환경교육을 학생들에게 일시적으로 하는 것이 아닌 지속적으로 하기 위해 지금부터라도 시작해야 한다.

아주 조금씩, 조금씩 말이다.

2. 家校 역할

2018학년도부터 신양중학교에는 환경 수업을 도입하여 매주 1시간씩 수업을 시작하였는데 어떠한 프로그램을 연속으로 활동하기에는 부족함이 있었다. 그래서 2019학년도부터는 1학기 매주 2시간(블록)으로 변경되면서 학생들과 연속성이 있는 프로그램을 할 수 있게 되어 환경을 전공한 나로서도 환경 수업에 대한 불씨를 살렸다.

'모든 교육은 학교가 아닌 가정으로부터 시작된다.'라고 생각한다. 그리하여 생태·환경교육 주제를 "From home to earth"라고 하였다.

학생들에게 수업에 대한 개요를 말한 뒤 각자에게 과제를 주었다. 자신의 가정에서 일주일 동안 생활하면서 종류별로 얼마만큼의 쓰레기가 배출되는지 조사하는 것이었다. 그 종류에는 플라스틱, 비닐, 종이, 고철, 유리 또는 유리병, 스티로폼, 깡통 및 캔, 음식물, 건전지, 폐형광등 이렇게 10가지로 정하였다. 이 외에도 많은 것들이 있겠지만 중학교 1학년 학생들에게 많은 짐(?)을 주기가 부담스러웠다.

각자 메모지에 적어온 내용을 바탕으로 네덜란드의 작가 몬드리안 작품 중 면과 선으로만 이루어진 독특한 작품을 활용하기로 하였다. 먼저 수학적으로 접근하여 전체 배출량 중 해당 품목마다 배출량 무게를 측정하여 100 : X의 비례식에 대입한 후 품목마다 비율 값을 구하기로 하였다.

본격적인 예술로 들어가기 위해 먼저 A4용지 끝 면마다 울타리를 만들었다. 그리고 나서 각각의 품목 비율 값만큼 색깔별로 만들었다. 예를 들어 플라스틱류가 20%가 나왔다면 5×4(4×5) 또는 2×10(10×2)로 사각형을 만들어 자신이 붙이고 싶은 곳에 자유롭게 붙이도록 하였다. 다만 바깥쪽부터 붙이는 것이 쉬울 것이라는 예시를 들어주었다. 예시는 예시일 뿐 각자의 개성에 맡긴다.

10가지의 품목을 다 붙였다면 일단 면은 만들어진 것이다. 이제는 선들이 입장할 차례. 10가지의 품목 주변으로 선들이 들어오기 시작하였다. 다만 기존 면의 색과는 다른 색으로 만들되 어쩔 수 없을 때만 같은 색을 허용하기로 하였다. 학생들에게 각자 주어진 색종이의 용량은 한정되었기에 최대한 아껴서 쓰기로 약속하였다.

미소의 작품이 전체를 말할 수는 없지만 농촌 가정의 예를 알 수 있으며 일부는 일반적인 가정과도 비슷한 면이 있으리라 생각한다. 일반적인 가정과 공통적인 면을 차지하는 것이 종이류와 플라스틱류 그리고 비닐류였다. 다만 예외적인 것은 고철류인데 아무래도 농사를 지어서 그런지 많이 이용한 결과로 볼 수 있을 것이다.

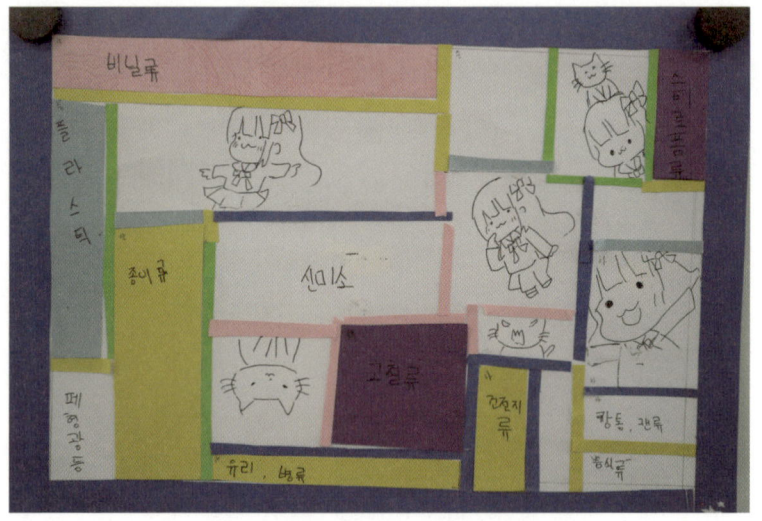

여러 학생 중에서도 미소는 그림에도 솜씨가 있었다. 그래서였는지 중간중간의 여백을 그대로 제출하는 친구들이 있는 반면에 이렇게 자신의 다양한 마음을 사람과 동물로 표현하는 재치꾼이다. 물론 일부는 여백의 미(美)로 표현하기도 하였지만…^^

자신의 집에서 배출되는 다양한 종류의 쓰레기가 이렇게나 많이 배출

된다는 사실을 알게 되었기에 최대한 지구를 힘들지 않게 하는 집을 만들어보는 시간을 갖기로 하였다. 학생들이 어릴 때 자주 만났었던 레고가 등장하는 순간 환호성은 여기저기서 나왔다.

친환경 집 만들기.

이번에는 혼자 하는 것이 아닌 모둠을 만들어서 모둠원들과 주어진 재료를 바탕으로 최대한 만들어보면서 부득이한 경우에는 다른 모둠에서 서로 교환을 할 수 있도록 하였다. 참고로 제공된 재료는 전국을 돌고 돌아 우리한테 왔으며 2018년에 사용했던 물품이 2019년 지금 다시 만났다는 사실!!

또 하나의 전제는 최소한으로 탄소를 배출할 수 있는 집을 설계하기로 하였다. 수업에 대한 설명이 끝나자마자 여기저기서 쏟아지는 소리. "저~ 질문이요!!"라는 파도가 출렁이기 시작하였다. 질문의 내용은 이러했다. "집은 몇 평으로 만들어요?", "1층이요 아님 2층이요?" 등 다양한 질문들에 대해 나는 "너희들이 지금까지 했던 수업 내용을 보면 알 수 있으며, 어떤 형태의 집을 만들고자 하는 것은 정답이 없으니 마음껏 상상해봐!"라고 하였다. 스스로가 설정할 수 있도록 하는 것이 더 창의적일 수 있을 것 같아서였다.

학생들은 모둠별로 최대한의 아이디어를 서로 협력하면서 기초부터 다지기 시작하였다. 종종 하다가 서로가 부족하면 다른 모둠에 가서 건축재료를 교환하는 등 오고 가는 웃음들이 가득했다. 물론 함께하다 보면 말다툼이 있기도 하였다. 그러다가 일부 학생은 나와 함께 복도로 나가 숨 고르기를 하였다.^^

원준이는 수환이에게 "너희 집 사각형 벽돌 좀 내가 필요한데 너희는 필요한 것 없어?"라고 하는 등 대부분 초등학교 때부터 같은 반 친구들이었던 이들은 끈끈함이 남달랐기에 수환이는 이내 바로 수락을 하는 모습 속에서 순수함이 보였다. 이렇듯 학생들이 협력하는 모습은 앞으

로 우리 사회가 가야 할 방향 중 하나일 것이다. 그 이유는 극단적 이기주의와 경쟁이 팽배한 한국 사회에서 작은 사회의 시작인 가정과 학교부터 협력문화를 형성하지 않으면, 우리의 다음 세대가 살아갈 미래는 더욱 지금보다 힘들게 살게 될 것이 분명하기 때문이다.

모두가 다양한 모양으로 각자의 개성과 모둠원들의 협력으로 완성한 친환경 집. 이제 다 같이 집들이할 시간이다. 집주인들은 손님들에게 자신의 집을 소개하기 위한 준비의 시간을 가진 후 마지막으로 발표하는 새은이네 모둠. 항상 밝은 추임새를 가진 새은이의 즐거운 발표 시간. 특징적인 것은 모든 지붕 위에 나무 또는 풀을 심었다는 것이다. 이러한 생각은 자신을 살리는 것이기도 하지만 지구를 오랫동안 지켜줄 수 있기도 한 기특한 생각이다.

여러 형태의 건물 중 학교나 아파트는 거의 비슷한 형태가 많다. 어쩌면 미술 수업 시간에 배운 데칼코마니처럼 말이다. 「jtbc 차이나는 클라스」 130회 유현준 교수님 편 '도시를 살리는 건축의 힘'이라는 주제의 특강에서와 같이 건축은 나와 가정으로부터 시작하여 도시 그리고 국가 마지막으로는 지구까지 살리는 힘을 가졌다. 이러한 활동을 통해 학생들은 가정으로부터 시작하여 지구를 지켜주기 위해 한 걸음, 한 걸음 나아가고 있다.

다음은 모둠별로 생활 속에서 배출되는 탄소에 대해 여행을 해보는 시간을 가져 보았다. 실제로 탄소가 어떠한 원인으로 발생하며 어떠한

현상으로 우리에게 어떤 영향을 미치는지, 어떻게 대응해야 하는지까지 보드게임을 통해 알아가는 시간이다.

녹색 생활을 실천할 수 있는 실천 카드와 에코칩으로 거래할 수 있는 탄소배출권이 있다. 실천할 수 있는 교육적인 효과를 위하여 실천카드를 통해 서로가 실천 방법에 대해 나눔으로써 우리는 탄소와 자연의 관계에 대해 조금씩 공감대를 형성할 수 있었다.

평소에 운동할 때 진지한 모습을 보여주었던 신모(왼쪽)는 주사위를

던질 때마다 신중하게 그것도 매우 신중한 모습을 보여주었다. 저 높이 든 손과 팔을 보면 알 수 있을 것이다.^^ 민채(오른쪽)도 해맑은 함박웃음으로 이 시간을 즐겼다. 이렇듯 학생들은 자연에 대한 소중함과 서로의 협력을 통해 '그동안 지구가 인간에 의해 얼마나 많은 상처를 입었으며, 그러기에 우리가 지금부터라도 지구를 지켜주어야 한다.'라는 것을 느끼게 되는 시간이었다.

이번 패키지의 마지막으로 각 모둠이 아시아 국가별 대표가 되어 기후위기에 대한 국제 협력 회의를 해 보는 시간을 마련했다. 지난번 2학년 학생들과의 국제회의를 전 세계의 국가별 또는 지역별로 했다면,

이번에는 우리가 속해있는 아시아의 주요 국가별 이산화탄소 배출량에 관한 이야기를 좀 더 자세히 하고 싶기 때문이다.

우리가 살아가고 있으며 살아가야 할 나라 대한민국, 세계적으로 마이크로 기술이 강한 나라 일본, 세계 경제 강국으로 부상한 나라 중국, 관광에 있어 천국의 나라 태국, 앞으로 아시아뿐만이 아니라 세계를 이끌어갈 신비의 나라 인도 등 5개국의 이산화탄소 배출량 현황과 이를 줄이기 위한 실천 방법에 대해 알아보기로 하였다.

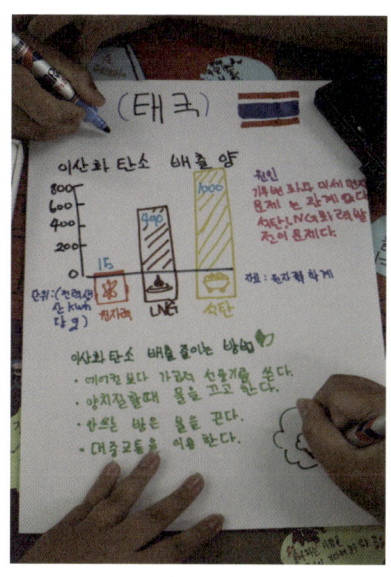

국가마다 이산화탄소 배출량은 배출 형태의 종류에 따라 원자력, LNG(액화천연가스), 석탄 등 3가지로 분류하였다. 또한 이산화탄소 배출이 생성되는 원인 및 배출량을 줄이는 방법(중1 학생 눈으로)에는 무엇이 있을지에 대해 알아보기로 하였다. 특히 태국을 조사하는 학생들은 내가 태국 여행을 종종 다녀왔다는 것을 알기에 현장에 대해 자주 묻곤 했었다. 학생들은 에어컨보다 선풍기를 이용하기, 물 아껴쓰기 등 여러 방법을 이어나갔다.

이러한 과정을 통해 드디어 발표할 시간!!

먼저 인도 모둠이 테이프를 끊었다. 아무래도 인구가 많고, 공장들이 많다는 점. 그리고 최근에 경제 발전을 위해 더 많은 환경오염의 발생 확률이 높기에 타국의 환경오염 예방 기술 개발에 대한 협조를 요청하면서도 자국에서 이산화탄소 배출량을 줄이는 방안을 마련하여 실천하기로 다른 국가들과 약속하기로 하였다.

한국 대표로 나선 민채와 재욱이는 한국의 무분별한 산업화 및 도시화가 지금 우리에게 어떤 영향을 주는지 정확하게 알려주었다. 논밭의 사막화, 열대야, 이상기후 등 다양한 예를 들면서 우리가

실천할 수 있는 일들에 관해 공유해주었다. 그것은 나무 심기, 가까운 거리는 걸어가기, 샤워 시간 줄이기(실제로 민채는 보통 사람들보다 많은 시간을 샤워한다고 함.) 등을 실천하기로 하였다.

실제로 글로벌 카본 아틀라스 2019년 세계 탄소배출량에 따르면 우리나라는 2019년에 6.1억 톤의 이산화탄소를 배출했다. 또한 2019년 Earth system science data에 따르면 중국, 미국, 인도, 러시아, 일본, 이란, 독일, 인도네시아 뒤를 잇는 전 세계에서 9번째이다. 순위도 중요하지만 위의 8개국은 우리보다 면적이 큰 나라이다. 면적당으로 본다면 우리는 더 높은 순위를 차지할 수도 있을 것이다. 또한 1인당으로 분석하면 미국에 이어 두 번째라는 불명예를 갖는다.

"세 살 버릇 여든까지 간다."라는 속담처럼 성장기에 있는 학생들에게 있어서 가정과 학교에서의 교육은 매우 중요하다. 두 교육은 인간이 인간으로서 어떻게 살아가야 하는지에 대한 방향성을 갖게 해주는 역할을 하기도 한다. 자연이라는 큰 틀 안에 하나의 종(種)으로서 살아가야 하는 방법과 공감 능력이 필요한 현시점에선 더욱 중요하다. 그러기에 생태·환경교육은 중간에 끊어지지 않아야 하며 평생동안 지속해서 해야 함을 절대로 잊지 말아야 한다.

3. 미안해…. 지켜줄게!

학생들과 자연 속으로 더 가까이 가보기 위해 현장을 탐색하고자 했다. 그러기 위해서 먼저 태초의 자연부터 현재 일어나고 있는 상황까지 인간의 욕심에 의해 어떻게 변화하고 있는지, 우리는 어떠한 마음으로 자연을 대해야 할지에 대한 고민을 하기 위해 우리와 정반대인 시간과 위치에 있는 아마존강으로 출발하였다.

아마존강은 남아메리카의 페루 티티카카 호(Lago Titicaca) 서북쪽 안데스산맥에서 발원하여 북쪽으로 흐르다가, 적도를 끼고 거대한 아마존 분지를 동쪽으로 가로지르며 대서양으로 흘러 들어간다. 아마존 분지는 남아메리카 대륙의 북쪽 대부분을 차지하며, 브라질 북부 전체뿐만 아니라 페루, 에콰도르, 볼리비아 등의 일부가 포함되는 거대한 와지(웅덩이 땅)이다. 아마존강의 본류와 그 지류들이 흐르는 전체 유역 면적은 705만 km²로 세계에서 가장 크며, 수리적 범위는 북위 5도에서 남위 20도, 서경 50도에서 서경 78도 사이이다.(MONSTER 블로그 中)

2009년 성탄절을 앞두고 방영된 아마존의 눈물. 그곳의 생생한 장면을 담기 위해 떠난 PD분들과 카메라맨분들의 경험담을 들은 우리 학생들은 충격의 연속이었다. 일명 문화충격이라 할 수 있을 것이다. 태초의 자연과 사람의 모습부터 인간으로 인하여 모든 것을 잃어가고 있는 자연과 사람의 모습까지….

먼저 동시대를 살아가고 있는 아마존강의 친구들에게 그림 편지를 만들어보기로 하였다. 14명의 학생은 각자 느낀 그대로를 빈 종이 위에 미숙하지만 아마존강의 친구들을 위해 정성을 다해 만들어가기 시작하였다.

그림에 다소 소질이 있는 원준이는 뽀뚜루로 유명한 조에족 일상의 한 장면을 담으며, "우리들의 일상적인 행동들이 누군가에겐 큰 피해가 될 줄은 몰랐다."라고 하였다. 이 그림 속의 조에족 사람들은 "환경오염 때문에 힘들어요."라는 말을 하면서 애처롭게 우리를 바라보는 모습이 인상적이다. 가까이 또는 멀리 있는 사람들의 행동 때문에 우리보다 더 약자인 이들이 무차별적으로 피해를 입고 있는 것이었다.

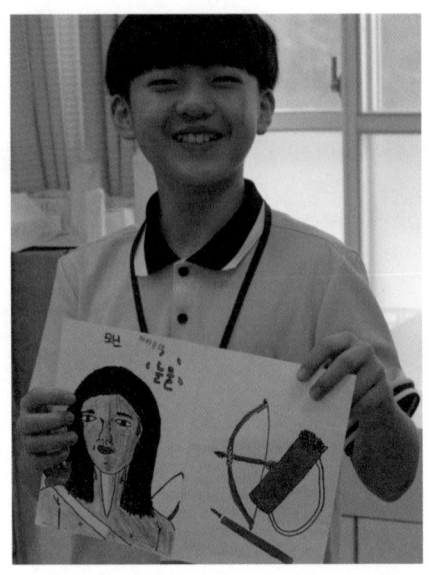
수줍은 미소와 순수함 그 자체인 재욱이 또한 조에족을 대상으로 그림 편지를 만들었는데 사냥을 하러 가는 남자의 모습엔 근심이 가득했다. 선조들 때부터 그래왔듯이 사냥하러 가야 하지만 예전 같지 않은 동물의 개체 수로 인하여 사냥의 어려움을 말하고 있다. 정성 들여 만든 활과 화살 그리고 칼로 전에는 부족들에게 넉넉히 나누어줄 수 있는 양을 갖고 왔다면 이젠 그러지 못하는 속상함과 미안함이 공존하고 있다. 언젠가는 만날 우리들의 친구들이기에 학생들의 마음은 더욱 무거워만 갔다. 이렇게 소중한 자연에 대한 감사함을 간직하기 위해 자연의 품속으로 살포시 두 발을 담가보고 싶었다.

다행히도 학교 근처 시왕리라는 마을에 생태교육센터 위드라는 교육기관을 통해 자연의 품속으로 들어가 볼 수 있는 기회를 얻게 되었다. 40명의 전교생 중 약 15% 정도의 학생들이 살아가고 있는 마을이기도 한 이곳에 사람의 흔적이 적은 곳에서는 마치 만화 또는 영화에서나 만날 수 있을 법한 풍경을 직접 만나 볼 수 있었다. 그곳을 만난 나의 첫 느낌은 첫 데이트를 만나러 가는 청춘 남녀들의 설렘이랄까! 그만큼 수줍기도 하면서 순수하였다.

생태 숲 해설 전문가 구지은 선생님과 함께 생전에 이름도 듣지 못하였던 동식물에 대해 알아가며 황토로 지은 방으로 들어가서 나뭇잎 마운트 꾸미기까지도 하였다. 때론 자연 속에서 그저 스쳐 지나가기만 하였던 풀을 활용하여 서로를 꾸며주면서 자기 자신이 어떻게 꾸며지고 있는지 모르기에 "나 괜찮아?" 또는 "어때?"하며 물어보면서도 웃음이 끊어지지 않았다.

사실 나도 학생들과 입장은 마찬가지였다. 부끄럽게도 환경 전공자이지만 모르는 것이 많고 아직도 배워야 할 것이 많은 매우 부족한 교사이기 때문이다.

이렇듯 학생들은 자연이 주는 선물로 각자가 자연과 함께 어울리는 방법을 찾아가게 되었으며, 정형화된 교과서에서 배울 수 없는 그 무언가를 무한한 자연 속에서 하나씩 배워가기 시작하였다.

무언가의 아쉬움이 남았던 환경 수업(주 2시간 1학기만 운영)을 마치고 나서 우연히 2학기 겨울방학을 앞두고 한 통의 전화가 걸려왔다. 전화를 주신 분은 2018년 진로 체험 관련하여 도움을 주셨던 정수연 선생님. 함께 일하시는 유혜선 팀장님과 수업에 관한 협의를 하면서 결론으로 "2020학년도에 신양중학교와 함께 환경 공동수업을 하고 싶다."라고 하셨지만, 당시 나는 2020학년도 계약직 교사 재임용에 대한 확신이 없었기에 "재임용이 되면 최대한 약속을 지키도록 하겠습니다."라고 말씀을 드릴 수밖에 없었다.

2020년 2월 반가움과 안타까움이 함께 찾아왔다. 먼저 반가움은 재임용되어 예산 지역 환경 교육센터와 생태교육센터 위드와 함께 환경 공동수업을 할 수 있게 되었다는 것이다. 반면 안타까움은 한국을 넘어 전 세계적으로 화제(話題)가 된 코로나로 인하여 1학기 수업 중 절반 정도를 온라인으로 수업할 수밖에 없다는 것이었다.

우리는 학기 초부터 등교 개학 전까지 한 달에 한 번씩 모여서 수업에 대한 방향을 잡아가며, 마을 생태 지도 만들기를 통하여 체인지 메이커가 되어가는 학생들로 성장할 수 있도록 이들과 만나기 전까지 준비하였다. 각자 교과서 단원 중 자신이 맡은 부문에 있어 재량을 발휘하여 학생들에게 생생한 생태·환경 이야기를 온라인 안에서 학생들과 만남을 가졌다.

등교 개학 후에는 두 분의 선생님들과 함께 마을로의 여정을 시작하였다. 생물과 비생물 두 종류로 나누어가며 자신이 살아가고 있는 마을에서 볼 수 있는 여러 가지 환경 요소에 대해서도 하나씩 알아가기 시작했다. 학생들은 자신이 살아가고 있는 마을에 대해 구체적으로 돌아보려 하다 보니 때로는 막막할 때도 있었지만, 여러 선생님과 함께하면서 기나긴 터널을 지나 밝은 빛을 볼 수 있게 되었다. 이렇게 수많은 결과물을 통해 그동안 우리가 얼마나 무심코 생활하였는지를 반성하게 되는 시간이기도 하였다.

지금부터는 본격적으로 우리가 탐방할 시왕리라는 마을에 대해 알아보는 시간을 갖기로 하였다. 생태 숲 해설 전문가이신 구지은 선생님께서 시왕리의 지형과 생태 등에 관해 설명하여주시기 전에 "우리가 살아가는 마을이란 무엇일까?"라는 질문으로부터 시작하셨다.

학생들은 각자의 생각을 이야기하면서도 그것이 정답인지, 아닌지 헷갈리는 경우가 종종 있었다. 우리는 정해진 답을 원하는 것이 아닌 학생들의 생각을 듣고 싶었으며 앞으로도 수업하는 과정에서 이러한 일들이 계속 일어나도록 의도하였다. 각자의 생각을 표현하면서 같은 생각일 수도 있지만 다른 생각을 할 수도 있다는 공감대를 형성하고 싶었기 때문이다.

구지은 선생님께서 설명을 마치시고 나서 생태분석팀과 오염분석팀으로 나눈 후 팀별로 그림 그리기, 사진기록, 질문지 작성 등 3가지로 역할 분담을 하기로 하였다. 우리 교사들은 정보를 제공할 뿐 선택은 학생들이 스스로 할 수 있도록 하였다. 이는 학생들의 주도적인 활동을 위해서였다.

드디어 2주간의 이론 수업을 마치고 마을로 탐색하는 날. 하늘은 우리를 뜨겁게 반겼다. 시왕리 버스 종점에서 우리는 팀별로 나뉘어 어떻게 해야 하는지에 대한 설명을 들은 후 구역을 정하였다.

구지은 선생님께서는 "각자 역할에 있어 최선을 다하다 보면 서로 만났을 때 조화로운 결과물을 만들 수 있을 거야. 비록 무더운 이 순간 다소 힘들겠지만 우리 조금씩 힘내서 해보자!"라고 하시며 학생들에게 힘을 불어넣어 주셨다. 무더운 날씨에 코로나로 인하여 마스크까지…. 학생들의 어려움은 가중되었지만 자신들을 위해 그리고 자신들의 후배들을 위해 기꺼이 감수하면서 하겠다는 의지를 학생들이 보여주었다. 그럴 법도 한 것이 우리와 함께해주실 마을 선생님들께선 학생들과 인연이 많으신 분들이기 때문이라 생각이 들었다. 먼저 오늘은 나와 연배가 비슷한 신양중학교 선배님께서 초빙되어 함께하여 주셨다.

자신들의 선배님께서 1일 마을 선생님으로 재능기부를 통하여 함께 하심에 대해서 학생들은 놀라운 표정이었다. 또한 마을 선생님께서도 후배들에게 자연과 함께 살아가는 자신의 삶에 대해 함께 나눌 수 있다는 것에 대해 보람을 가지셨다.

드디어 학생들은 두 발을 마을에 온전히 담그기 시작하였다. 생태분석팀 중 규진이는 구지은 선생님께서 주신 작은 잎의 맛을 보았으며, 나 또한 맛을 본 결과 처음에는 달콤한 것 같지만 끝 맛은 쓴맛이었다. 이 열매의 맛을 구지은 선생님께서는 첫사랑의 쓴맛이라는 삶의 철학을 담은 비유를 하셨다. 과연 이것은 무엇일까?

힌트를 준다면 첫째, 아름다운 꽃 이름 뽑기 대회라도 한다면 최소한 4강 안에 들어올 수 있을 것이다. 둘째, '꽃이 마치 수수꽃처럼 피어있다.'라는 순우리말이다.

정답은 바로 수수꽃다리(라일락의 순우리말)이다. 정답을 알고 나서는 무지(無知)에 대한 허탈함에 빠질 수밖에 없었다. '이렇게 자연에 대해 무지하며 살아가고 있었구나!' 하는 생각이 체험을 끝나는 내내 꼬리에 꼬리를 물었다.

오염분석팀들은 마을의 자연환경이 어떻게 변하였는지를 알아보기 위해 역사의 현장에 함께 계셨던 어르신들로부터 그 이야기를 듣고자 했다. 일제 강점기 때부터 이곳에서 살아오신 두 분의 할머니께서는 너무나 오랜 세월이 지나서 그러셨을까? 증손주들과 같은 어린 학생들 질문에 대해 애써 기억을 해내시면서도 매우 안타까워하셨다.

너무나 좋았던 그리운 자연들을 이젠 그때와 똑같이 돌릴 수 없지만 최대한 아껴주고 싶고 계속 살아가고 싶은 나의 고향 시왕리. 그 안타까움을 우리 어린 학생들이 100% 이해하기란 더욱더 힘든 일일 것이다. 할머니께서 정성 들여 깎은 참외를 받은 정민이는 말씀을 전해주시는 할머니께 먼저 드시게끔 고사리 같은 손으로 건넨 참외엔 자신이 자연환경을 잘 지키지 못함의 죄송함과 이렇게 풍요롭게 살아가고 있음에 대해 감사함이 함께 있었다.

두 차례의 마을 생태·환경 탐사를 마치고 나서 다시 돌아온 우리들의 교실. 자연을 느끼고 조사하는 것으로 끝나는 것이 아니라 우리 마을의 생태·환경에 있어 긍정적인 변화를 만들어가는 삶을 위해 청소년의 눈높이에 맞춰 도전하기로 하였다. 아직은 이러한 과정을 접하지 못했던 학생들이기에 도움이 필요할 것으로 생각하여 유혜선 팀장님의 지인이신 체인지 메이커 전문가 임세은 선생님을 3회(총 6시간)에 걸쳐 초빙하였다.

체인지 메이커!

"아니… 저건 또 뭐여~~" 라는 반응과 "갑자기 왠 환경 수업 시간에 체인지 메이커?"라는 반응을 보며 '학생들에게 생각의 와이파이를 더 확장할 수 있도록 도움이 되겠다.'라는 확신이 들었다.

흰 종이 위에 우리가 보아왔던 것과 참신한 생각을 최대한 끄집어내 조금씩 채워 가기로 하였다. 정윤이는 한 땀, 한 땀 자신이 그려왔던 그림들을 다시 손보면서 그린 곳 중 환경적으로 파괴되고 있는 곳을 어떻게 하면 정상적으로 바꿀 수 있는지에 대해 고민하기 시작하였다. 자신 혼자서 무언가를 만들어가고 있지만, 이일은 혼자 하기보다는 함께 할 때 더 효율적이라는 것을 알고 있기에 친구들과 어떻게 하면 효율적으로 만들어갈지에 대한 고민이 머릿속에 가득 차지하고 있었다. 이러한 현상은 정윤이뿐만 아니라 다른 학생들에게도 일어나기 시작했다.

그러던 중 여러 곳에서 임세은 선생님의 도움 카드를 요청하기 시작하였다. 선생님께서는 학생들에게 "우리가 지금은 당장 어떻게 바꿀 수 없을 것으로 생각하지만 지금 이러한 활동을 통해 언젠가는 세상을 변화시킬 수 있을 거야. 그 변화를 일으키는 사람이 바로 나와 너 그리고 우리라고 생각하면서 하길 바래."라고 조언하셨다.

세상에는 정해진 정답이 없는 경우가 많은 것 같다. 우리 또한 이 수업의 시작에 있어서 정답을 알려주는 것이 아닌 도와주는 역할을 하기로 했던 것처럼 학생들 스스로가 실수를 해도 좋으니 협력하면서 배우고 지금까지의 경험을 바탕으로 문제해결에 있어 최선의 답을 이끌어 낼 수 있도록 안내자가 되는 것이 교사라 생각한다. 교육이란 끄집어내어 각자의 모습대로 만들어주는 것이기 때문이다.

다수의 학생이 "이전에는 얼마만큼 자연에 대해 감사한지를 많이 느끼지 못하였지만 이 수업을 통해 자연에게 너무나 미안함과 감사함이 동시에 느껴지게 되었다."라는 말을 하는 등의 순간들이 내겐 환경 교사이자, 인생 선배로서 보람을 느끼게 되었다.

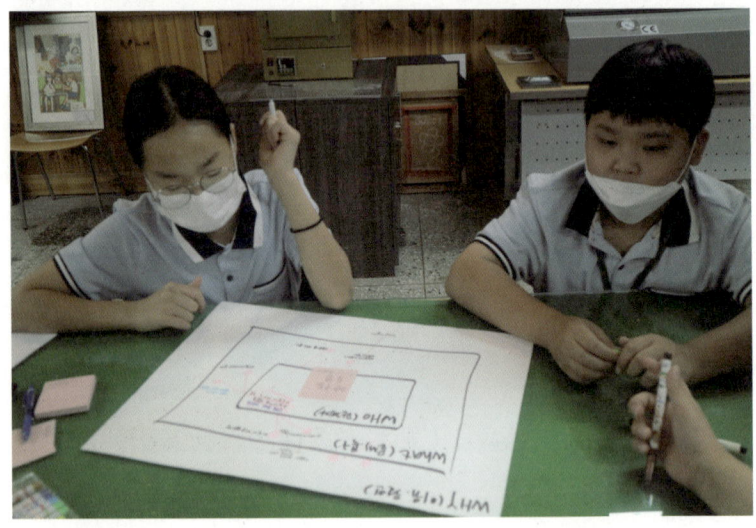

7살인 아들에게 "예석아! 에어컨으로 더욱 시원하게 하거나, 양치할 때 물을 함부로 많이 쓰면 지구는 어떨까?"라고 물었더니 "아플 것 같아."라고 하였다. 이어 "그럼, 예석이는 지구를 위해 어떻게 해주어야 할까?"라는 물음에 "당연히 지구를 지켜주어야지!"라고 하였다. 7살인 어린 아이도 우리에게 정확한 답일지는 모르지만 최소한 어떻게 해야 하는지는 알고 있다.

엄마의 사랑과 같은 아름다운 이곳에 우린 "미안해… 지켜줄게!"라는 말밖엔 없을 것이다. 우리 인간이 자연에게 지금까지 너무나 함부로 하였으며(다수가 그렇다는 것은 아니다.), 미안함이 가득하기에 지금부터라도 지켜주지 않으면 자연은 우리를 버릴 수도 있기 때문이다. 이는 최근 자연이 우리에게 다양한 형태로 보여주는 신호를 우리는 마지막이라고 여기지 않으면 안 된다.

"지구를 구하고 싶다면
가장 먼저 해야 할 일은
우리 스스로가
자연과 연결되는 것입니다."

》 제인 구달 《

Part 5.
나침반

1. 스케치북과 와이파이

신양중학교에 부임한 첫해.

다양한 수업으로의 시도를 하고자 하였다. 그러던 중 인근 학교의 조선생님께서 방문하셔서 '현대차와 함께 꿈을 키우는 미래 자동차 학교'라는 프로그램을 함께하면 좋을 것 같다고 의뢰하셨다. 익숙한 기업의 이름이었지만 어떤 프로그램인지 생소하여 이런저런 고민을 하면서 조선생님의 말씀을 듣고 나니 '학생들과 해볼 만한 수업이겠다!'라고 생각하였다.

미래 자동차 학교는 자동차를 주제로 다양하게 변화하는 세상을 자신들의 생각으로 만들어가면서 실패와 성공의 과정을 통해 성장해가는 프로그램이기 때문이다.

2016학년도 2학기 개학식과 함께 시작한 미래 자동차 학교. 중점학교로 선정되었기에 풍족한 재료 및 대학생 멘토 선생님들과 함께한 현장체험학습(잡월드 현대차관 및 현대 모터 스튜디오 서울) 등을 통해 학생들의 만족감은 100% 이상 느낄 수밖에 없었다. 그러던 중 교육을 주관하시는 김다임 대리님께서 "선생님, 내년 1학기엔 한 번 단독으로 진행하여 보시면 좋을 것 같아요."라는 추천을 해주셨다. 1초의 망설임이나 주저함 없이 대리님께 "무조건 한 번 해볼게요!"라고 말씀드렸다. 그것은 학생들이 내게 희망을 주었기 때문이다.

이렇게 우리만의 수업을 시작한 2017학년도 1학기 미래 자동차 학교. 작년에 경험이 있었던 2학년 후배들과 이 프로그램을 너무나 하고 싶어서 본인들이 더 원했던 3학년 선배들. 우선 후배들의 현판식으로 문을 열었다. 채은이는 2학년 학생 중 1번이기에 상징적이며, 그림 솜씨도 유능하여 작년에 디자이너 역할을 열정으로 참여한 학생이기에 대표로 나와 함께 현판을 달았다.

학생들이 성인으로 성장한 2030년. 앞으로의 15년 정도를 계획해보는 시간. 각자에게 주어진 것은 B4용지 밖에 없다는 것에 일부 학생들은 어리둥절한 표정을 지었다. 반대로 일부 학생들은 거침없이 자신만의 생각으로 채워 가기 시작하였다.

은주는 일본 만화에 관심이 많아서인지 일본과 관련된 경험 및 공부, 만화와 관련된 도구 및 공부로 자신의 꿈을 채워나갔다. 이에 질세라 유나도 초등학교 시절부터 경험하고 있는 드럼과 가창 실력을 바탕으로 한 음악과 관련된 이야기들이 많았으며, 역시나 꽃다운 중학생의 그 순수한 마음일까? 방탄소년단을 너무나 사랑한 나머지 이들과의 사랑에 푹~ 빠진 다양한 꿈들을 펼쳐나갔다.

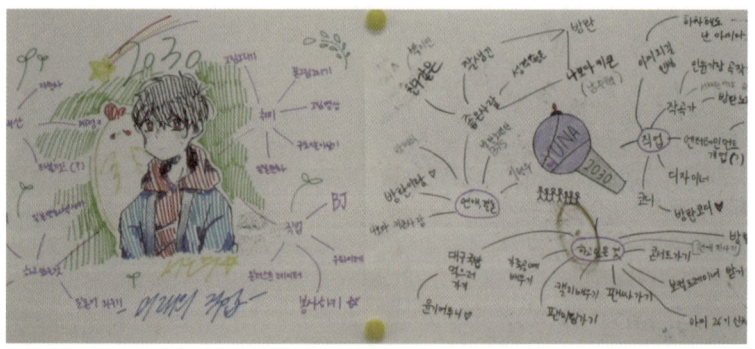

이렇듯 개성이 강한 두 학생 외에도 각자가 상상의 날개를 무제한으로 펼쳐보는 시간이 일부 학생들에게는 다소 힘들어했지만, 정답이 없는 세

상에 자신만의 세상을 만들어가 보는 것이 청소년 시기에 반드시 필요하다고 생각한다. 요즘 "라떼"라는 말이 유행하고 있듯이 나 땐 이런 경험이 없었다는 것이 아쉽다. 이러한 생각을 할 수 있었다면 지금과는 다른 삶을 살아가고 있지 않을까 생각한다.(이렇게 말하면서도 웃음만 나온다.)

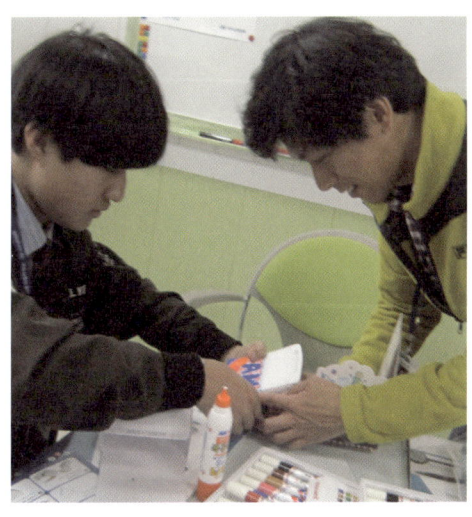

자신에 대해 알아보았으니 이제 팀을 선정할 시간. 팀장, 매니저, 디자이너, 마케터 이렇게 4가지의 역할에 있어 각자의 장기를 최대한 살려서 조화롭게 선정하여 팀명을 지은 후 팀 로고가 새겨진 자동차를 만들었다. 주엽이는 자동차에 대해 둘째라면 서운할 정도로 2학년 중 으뜸가는 자동차 박사다. 그를 도와 함께 만들어가는 나는 교사이지만 내가 더 많이 배워야 할 정도로 부러운 대상이었다. 주엽이의 활약상은 잠시 후 다시 만날 수 있을 것이다.

지금부터는 본격적으로 자동차에 대해 푹~ 빠질 시간이다. 먼저 자동

차의 구동 원리에 대해 알아보는 시간. 아무래도 여학생들이 자동차에 대해 남학생들보다 다소 모르는 부분이 많기에 남학생들에게 도움을 청하는 모습을 종종 볼 수 있었다. 진로 체험에 있어서 2학년 학생 중 일인자였던 세은이라 할지라도 이쪽 분야에서는 친구들을 의지하는 경향이 컸다. 진정한 친구란 무엇일까? 어려움에 빠졌을 때 도움을 주는 것이 진정한 친구이며, 그 도움에 보답하는 것 또한 진정한 친구라 생각한다.

이전 시간이 정해진 것에 대해 답을 채워 가는 시간이 있었다면, 이번 시간에는 미래 자동차에 대해 자신만의 생각을 통해 정의하기로 하였다. 학생들은 자신 앞에 놓여진 포스트잇을 보면서 어떻게 해야 할지 모르겠다는 표정과 한숨이 여기저기서 나오기 시작하였다. "정답이 없어서 더 힘들어요~"라는 말과 "선생님, 정답이 없으니 포스트잇 그대로 낼게요."라고 제출한 학생의 말도 일리가 있다고 생각한다. 하지만 학생 대다수가 자신의 생각을 하나씩 적어가면서 이러한 분위기는 파도에 파도가 계속 마주하였다.

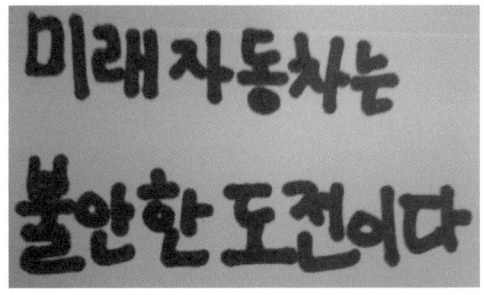

그중에서도 나는 "미래 자동차는 불안한 도전이다."라는 말이 마음에 확 와닿았다. 아무도 모르는 미래. 그 미래를 향해 도전하는 것 자체가 불안한 도전이라고 생각하기 때문이다. 이러한 도전을 시도하다 100% 달성을 못 할지라도 그 도전에 의미를 갖기 위해 도전한 친구들이 있다.

바로 신양중학교 자동차 박사 주엽이와 그의 단짝 준서다. 오죽하면

이들을 위해 지은 별명이 톰(주엽)과 제리(준서)일까! 이들은 제6회 현대자동차 청소년 모형 자동차 대회 참가를 위해 직접 제작한 프리젠테이션을 친구들 앞에서 발표 연습하며, 부족한 부분들은 자동차의 대가 울트라 쌤이신 교감 선생님께서 지도교사로 함께하여 주셔서 예선을 치르게 되었다. 참고로 함께 수업을 받고 있는 3학년 윤성이와 주원이네는 서류 심사에서 떨어지는 유익한(?) 경험을 하게 되었다.

교감 선생님께서는 다치신 손으로 부상 투혼의 활약을 하시면서 본선 진출이라는 쾌거를 이루어 내셨다. 본선에 진출한 이들은 꿈에 그리던 우승을 위해 전진하던 중 우리의 자동차가 이상 신호를 보내었다. 이전 경기에서 구간 기록이 상위권에 들어갔기에 더욱더 희망적이었는데 왜 하필 이러한 현상이 우리에게….

아쉽게도 이들의 도전은 여기서 멈출 수밖에 없게 되었지만 이들에게 무언가는 남았을 것이다. 그것은 '비록 불안한 도전이었지만 자동차라는 주제로 선생님과 친구와 함께한 소중한 공감의 시간을 통해 실패한 경험도 세상을 살아가면서 필요한 것이며, 특히 10대라는 청소년 시기에 이러한 경험이 앞으로의 삶에 있어 보약이 된다.'라는 것이다.

성격이 시원시원하고 개성이 강한 윤주는 여학생 중 예술적인 감각이 있을 뿐만 아니라 손기술도 좋아서 웬만한 남학생들과 선의의 경쟁을 하다 보면 무언가를 제작하는 부문에 있어서 지지 않을 정도로 스포츠로 말하면 멀티 플레이어이다. 좀 더 보태자면 사물놀이에서도 꽹과리 상쇠, 배드민턴에서도 3학년 언니들보다도 잘하는 등 어디 하나 빼놓을 것이 없는 학생이다.

자신이 디자인한 것을 바탕으로 종이 모형 자동차를 제작하는 시간.

교사 혼자서 수업하는 것보다는 누군가가 함께하는 것이 더 효율적이라고 생각하여 사전에 2학년 수업 담당 선생님께 부탁하여 2학년 윤주를 한 시간(중학교 수업 기준 45분) 보조 교사로 초빙하였다.

3학년 선배 승민이는 "동생 윤주의 도움을 받아 쉽게 이해할 수 있게 되었고, 교사인 나보다 동생과 함께하니 고마운 마음을 갖게 되었다."라고 하였다. 우리가 작은 학교라서 그런지 초등학교 때부터 함께해 온 다

수의 학생이 서로에 대해 잘 알고 있어서 수업을 비롯한 모든 활동에 있어 이러한 장면들이 자연스러웠다. 그러기에 더욱 서로가 공감할 수 있다는 것이 장점일 것이다. 선후배를 위한 선물이 솔솔 부는 봄바람의 향기처럼 우리를 안내한다.

2학년 후배들이 3학년 선배들에게 준 선물. 이 선물은 자신을 위한 선물이기도 하지만 올해를 마치고 졸업하는 정든 선배들과 함께하는 나들이기도 하였다.

잠시 학교를 떠나 버스에 몸을 맡기고 달려온 잡월드. 톰과 제리(주엽이와 준서)는 형(누나)들을 향해 "우리가 바로 모형 자동차 경주를 하였던 곳이 이곳이었어."라고 말하는 등 자랑하는 모습이 전형적인 동생들의 모습이었다.^^

미래 자동차 학교 관계자분들께서도 놀라신 표정들로 가득하였다. "정말 선후배들이 맞아요?"라는 질문을 받을 정도로 우리는 가족 같은 관계다. 그것은 학생들 스스로가 만들어가는 다양한 프로그램(수학여행, 소풍, 학급의 날 등)을 통해 하나가 될 수 있었던 것은 내가 사랑하는 신양중학교 학생들이기에 가능하다. 이러한 모습은 그들이 떠난 자리임에도 불구하고 후배들이 지속해서 이어가고 있는 모습에 교사로서 보람을 느낀다. 이러한 문화가 바로 전통이 아닐까? 세대가 흘러도 공감할 수 있는 그 무언가를 이들은 스스로 만들어가고 있었던 것이었다.

현대 모터 스튜디오 서울에서 자동차 부품을 통해 예술로 승화시킨 장면은 늘 자연 속에서 살아가고 있는 학생들에게 신비감을 느끼게 해

주었다. 또한 그루라는 생소한 직업을 가지신 분께서 여러 가지 물품들에 대해 생동감 있는 설명 등 이른 새벽을 박차고 장시간 동안 이동하여 온 학생들에게 새로운 세상을 보여준 나도 힘들었지만, 나 자신에게도 '수고했으니 기쁨 두 배'라는 평점을 주고 싶다.

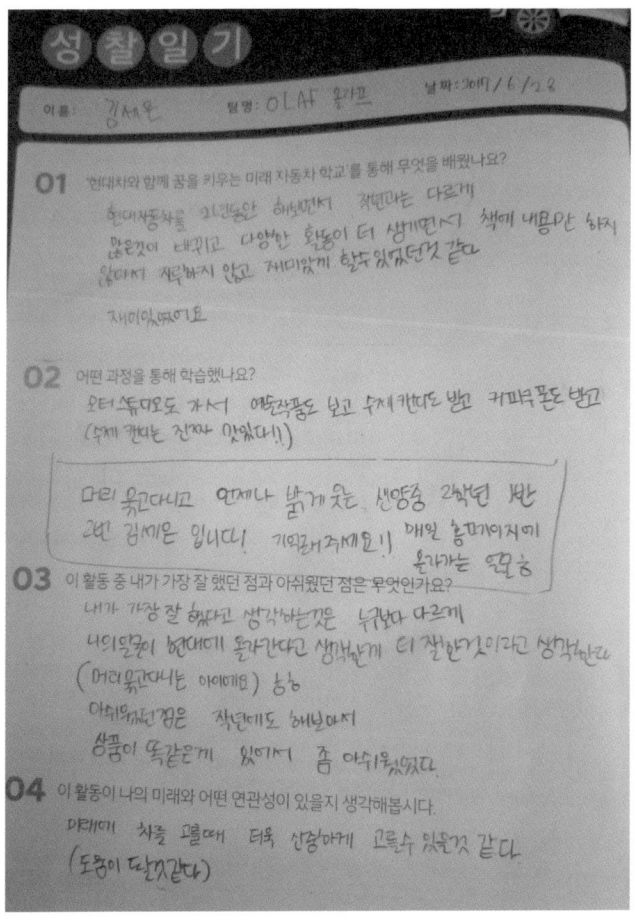

세은이가 2년간의 경험을 통한 미래 자동차 학교 성찰일기에서도 알 수 있듯이 "다양한 활동이 더 생기면서 책의 내용만 하지 않아서 지루하지 않고 재미있게 할 수 있었던 것 같다."라고 하였다. 또한 자신을 기억해달라는 메시지와 함께 자신의 얼굴이 현대자동차와 함께하는 미래 자동차 학교 카페에 자주 올라간다는 것이 잘한 것이라고 하였다. 하지만 상품이 똑같아서 아쉽다는 표현까지…. 세은이를 포함한 모든 학생은 "이 프로그램을 통해서 자기표현에 대한 자신감도 늘어났을뿐더러 자동차를 통해 함께한 시간들을 추억이라는 소중한 이름으로 함께 공감할 수 있어서 행복했다."라고 하였다.

교육지원청에서의 출장을 마치는 길에 전화 한 통이 걸려왔다. 미래 자동차 학교의 관계자분께서 "선생님! 12월 15일에 시간을 내셔서 서울에 오실 수 있으세요? 2017년 우수학교로 선정되셨어요~"라는 말에 기쁨 반, 걱정 반으로 내 머릿속은 공존하기 시작했다.

하필 그날 내가 주관하는 프로그램으로 신양중학교 모든 가족이 성탄절 기념을 맞이하여 자신만의 케이크를 만들기로 하였기 때문이다. 이러한 사실을 선생님들께 말씀을 드리니 "여기는 우리에게 맡기고 축하받고 오세요."라는 말씀으로 나를 안심시켜 주셨다. 사실 내가 받으러

갈 것이 아니라 열심히 참여해준 학생들이 갔어야 하는 것이 맞을 것이다.(살짝 미안한 마음이 한 편엔 자리하였다.)

아무것도 없는 하얀 백지의 스케치북 위에 무언가를 생각해서 만들어 가야 했고 채워 가야 했다. 이뿐만이 아니라 마치 와이파이처럼 생각의 확장을 위해 때론 고통과 환호가 함께하였던 순간들.

그 시간들을 가만히 생각해보니 우린 숨 가쁘게 달려온 것 같다. 그 달림 속에 자신 혼자라는 사람도 있었지만 친구들과 선후배들 그리고 선생님들 등 모두가 함께하였기에 가능했다. 비록 내가 대표로 수상을 하였지만 이것은 우리 신양중학교 학생들의 자랑이 되었다. 당시 수상을 받은 학교 중에 전교생 50명 이하의 학교는 우리밖에 없었기 때문이다. 우리는 우수사례나 모형 자동차 대회에서 1등은 못하였지만 우리에게 주어진 환경 속에서 최선을 다해 열정으로 하나가 되었기에 이러한 결과가 나왔을 것이다. 그 현장에서 나는 단지 다리 역할을 하였을 뿐이다.

학생들이 스케치북이라는 무대 위에서 실패와 성공이라는 과정을 통해 와이파이처럼 온 세상으로 뻗어 나아가는 교육이 미래 자동차 학교

외에 다양한 방법으로도 교육 현장에 실현되길 희망한다. 그러한 길을 가기 위해서 나는 또다시 준비하고자 한다.

2. 3W

우리만의 공감 여행을 시작하는 계절은 주로 가을이었지만 이번엔 1학기 2회 고사(구 기말고사)를 마치고 수학여행을 떠나기로 결정하였다. 강렬한 태양의 계절인 여름을 택한 만큼 모두에게 눈에 보이지 않지만 강렬한(?) 울림의 선물을 주고 싶었다.

그 이유는 첫째, 1학기 2회 고사(구 기말고사)가 끝나면 학생들은 어떤 것을 해야 할지에 대한 방황의 시간이 될 수도 있다. 반대로 선생님들께서는 생활기록부를 정리해야 하는 시간을 가져야 해서 서로가 반대의 입장이기에 이를 효율적으로 활용하기 위해서 배움 여행(기존 수학여행)을 준비하기로 하였다.

둘째, 이번 배움 여행(기존 수학여행)은 3·1운동 및 대한민국 임시정부 수립일 모두 100주년이기에 선조들께서 나라를 지키고자 가셨던 고난과 고통의 길을 잠시라도 학생들에게 경험할 수 있게 해주고 싶었다. 그 길은 혼자가 아닌 모두가 함께하였던 길이라고….

마지막으로 학생들에게 가장 획기적인 것은 아마도 배움 여행(기존 수학여행)을 마치는 순간 바로 여름방학에 들어가는 것이다.

그 길을 가기 위해 당시 학생부장 선생님이셨던 송용배 선생님과 함께 사전 답사를 떠나게 되었다. 배방역에서 지하철을 타기 위해 계단으로 올라가면서 송용배 선생님께 "이번이 선생님과 가는 마지막 수학여행이겠지요?"라고 여쭈었더니 선생님께선 웃음으로 말씀을 아끼셨다. 이곳 신양중학교에 와서 첫해를 제외하고 늘 함께 수학여행이나 소풍을 위한 사전 답사와 실제적인 시행을 하였기에 더욱 의미 있는 배움 여행(기존 수학여행)의 길이라 생각했다.

무더운 여름이 시작되는 6월의 중순.

학생들의 동선(動線)을 위해 선생님과 나는 자가용이 아닌 지하철과 도보로 2박 3일간의 여행길을 미리 가보았다. 우리는 가방을 메고 여기저기를 다닌 후 종착지인 숙소에 도착해보니 속옷까지 젖을 정도로 열심히 다녔다. 한편으로는 띠띠 동갑이신 송용배 선생님께 너무 죄송한 하루이기도 하였다.

학교로 돌아와서 1학기 2회 고사(구 기말고사)가 끝나고 안중근 의사 등 우리가 만날 분들에 대해 직접 특강을 해주시면서 학생들과 공감대를 형성하기 시작했다. 국어 선생님이시지만 역사에 대한 지식이 풍부하시며 역사관도 뚜렷하시다. 또래의 학생들보다 전체적인 학업 성적은 낮지만 역사적 지식이 뛰어난 석우(당시 2학년)와 새은이(당시 1학년)는 또래의 학생들이 몰랐던 역사적 사실에 대해서 언급하는 모습에 학생들과 선생님들께서는 놀란 표정을 지으셨다.

본격적으로 모둠을 편성하는데 있어 전통적으로 학생자치회가 주도하여 친구들과 후배들을 편성하였다. 각 모둠의 모둠장인 학생회 대표 학생들은 모둠원 각자에게 역할 분담을 주었다. 종전과 다르게 이번에는 용산역에서 서대문형무소로 가는 모둠과 대한민국 역사박물관 및 위안부 동상으로 가는 모둠으로 크게 둘로 나뉘어서 출발하였다. 그 속에는 다시 두 모둠으로 나뉜다. 특이한 점이라면 각 모둠의 선생님께서는 인솔하시는 것이 아닌 뒤에서 학생들을 보호하며(때론 학생들이 선생님을 모시며) 진행하는 것이다.

각 모둠은 자신들의 목적지에 대해 컴퓨터와 스마트폰 등으로 사전조사를 마친 후 모든 신양 가족(학생과 교사)들 앞에서 여행지에 대한 발표를 시작한다. 이번에는 우수한 여행코스를 선정해서 가는 기존방법과는 다르게 우선순위를 두지 않고 공유하는 방식으로 설정하였다. 이들의 선배들이 해왔듯이 이들은 교사들이 가르쳐서 성장하기보다는 선배들을 보면서 자연스럽게 성장하고 있었던 것이었다.

드디어 설렘으로 가득 찬 배움 여행(기존 수학여행)의 시발점인 예산역. 이곳은 또한 교사로서 마지막으로 학생들과 함께하는 여행을 앞둔 분들의 시발점이기도 하다. 그 주인공들은 미술 선생님과 수학 선생님 그리고 교감 선생님이시다. 특히 사진에 있어 전문가이신 교감 선생님께서는 예전부터 편찮으신 다리를 이끄시며, 제자들과 동지들이 함께하는 마지막 여행을 위해 무거운 장비를 두 어깨에 짊어지셨다. 그러시곤 모두에게 추억을 하나하나 담아주시기 시작하셨다.

<국어 선생님(우)과 나(좌) 그리고 학생들>

<미술 선생님(좌)과 수학 선생님(우) 그리고 학생들>

성준이네 모둠은 나와 함께하였는데 기차에서 내려 용산역에서 출발하는 지하철을 타러 가야 하는데 약 3분간 어디로 가야 할지 몰라 발을 동동 구르기만 하였다. 이런 일을 예상하였기에 선생님들께는 "맨 뒤에 계시면서 하루에 한 번만 도움을 주시면 됩니다."라고 사전에 당부드렸다. 그런데 이렇게 빨리 사용하게 될 줄이야…. 성준이는 사전에 많은 시간을 투자하여 조사하였지만 막상 현장에 오니 긴장도 되었고, 선배로서 후배들을 이끌어 가야 한다는 부담이 지하철로 이동하는 내내(마치 나침반이 방향을 잡기 위해 흔들리는 것처럼) 힘들어하는 모습이 안타까웠지만 한 번 도와주었기에 미안하지만 남은 시간은 스스로가 이겨내야 했었다.

그렇게 도착한 대한민국 역사박물관. 그곳에서 우리는 작은 희망조차 점점 시들어가는 시·공간 속에서 민족을 위해 선조들께서 젖 먹던 힘까

지 쏟아내어 끝내 희망을 이루어 내심을 볼 수 있었다. 그분들의 발자취를 우리는 잠시나마 돋보기(해설사님의 도움)를 통해 더 가까이 그리고 자세히 알아볼 수 있었다. 그러던 중 해설사님께서 "제 질문에 대답하는 친구들이 처음이라 놀랐어요."라고 하시며 내게 학생들을 향한 아낌없는 칭찬을 하여주셨다.

서대문형무소로 향한 학생들과 선생님들은 어떤 모습일까? 이들은 일제강점기 중 분노, 고통, 한(恨) 등 이루 말할 수 없는 모든 눈물의 현장으로 가는 발걸음이 매우 무거웠다. 너무나 참혹한 현장이기에 이 땅을 지켜내신 분들께 어떤 모습으로 인사를 드려야 할지도 모를 지경이었던 곳. 정문으로 들어가면서 점점 "어떻게…"라는 말은 이어지고 자신도 모르게 웃음이 아닌 눈물과 침묵의 시간이 자연스럽게 이어지고 있었다.

무더운 여름. 가방을 메고 걷기조차 힘들었던 학생들은 이곳에서 찜통 같은 무더위와 혹한의 추위를 서로의 공감을 통해 이겨낼 수밖에 없었던 선조들께 감사한 마음을 희망과 사랑을 통해 전하기로 하였다. 자랑스러운 태극이 앞에서 우리는 작은 희망과 사랑을 선물로 전해드리며, 이 아픔의 현장을 통해 자신의 나라인 자랑스러운 대한민국이 '다시는 이러한 일이 생기지 않도록 지켜드리겠습니다!'라는 약속을 가슴 속 깊은 곳에 간직하기로 하였다.

우리의 미래인 학생들은 역사 교과서에서 보고 듣던 운동가들 외에 미처 알지 못하였던 운동가들뿐만 아니라 민초(民草)들의 이야기를 들으며 교과서보다 더 살아있는 교육을 학교 교실이 아닌, 역사박물관과 서대문형무소라는 또 다른 현장에서 영광스럽게 만나며 깊은 울림의 깨달음을 자신의 가슴 속에 조금씩 담아가기 시작하였다. 물론 이 시간을 통해 얼마나 효과적일지는 모르겠지만 "역사를 잊은 민족에겐 미래가 없다."라는 단재 신채호 선생의 말씀처럼 우리가 반드시 알아야 할 것은 '단순히 외워서 문제를 풀기 위한 역사는 교육이 아니다.'라는 것이다.

내가 그러했기 때문이다. 학창 시절 역사 과목을 너무나 싫어하였다가 우연히 30살이 넘어 한국사 시험을 준비하며 다양한 프로그램을 시청하면서 역사에 대해 조금씩 눈을 뜨게 되었다. 전에는 점수를 얻기 위한 공부여서 단순히 외우기만 하지 않았나 싶다. 그렇다고 점수도 낮으면서 말이다. 하지만 교사로서 학생들에게 이러한 교육을 해주고 싶지는 않았다. 정말 우리가 알아야 할 것은 역사적으로서의 사실을 바탕으로 민족의 혼(魂)을 심어주고 싶었다. 그래서 이들이 훗날 후대에도 이러한 교육이 지속적으로 이어질 수 있는 교육으로 가길 희망한다. 비록 교단에 서는 교사가 아닐지라도 어디서든지…

<교감 선생님(좌)과 국어 선생님(우) 그리고 학생들>

여행이기에 때론 즐거움과 휴식도 있어야 할 것 같아 준비한 한여름 밤의 꿈. 서울 유스호스텔(도산 안창호 선생과 관련된 숙소) 근처 남산

한옥마을에서 우리는 저녁 식사 후 소화를 시킬 겸 걸으면서 친구 및 선후배 그리고 선생님들과의 시간을 보내기로 하였다. 힘들었던 2일간의 일정을 정리하며 배움 여행(기존 수학여행)에서 있었던 여러 가지 일들에 대해 이곳에서 보따리를 풀면서 서로가 서로를 공감하기 시작하면서 하나가 되어간다.

꿈의 절정은 ○○카페에서 빙수와 함께한 생일 파티였다. 분기별로 생일인 학생과 교직원을 위해 축하를 하는 것이 학생자치회의 문화였기에 학교, 봉수산 휴양림에 이어 멀리(?) 서울의 어느 카페까지…

언제, 어디서나 우리는 우리를 위한 사랑의 파티를 열 준비를 하고 있었던 것이었다. 마지막으로 함께하는 3학년 학생들은 어깨동무하며 환한 미소를 추억이란 이름으로 함께 남기었다. 언젠가는 성장하여 성인이 되어서 이러한 추억을 한 장, 한 장 꺼내며 술 한 잔 기울일 날들이 있지 않을까!

> 겁 없이 달래도 절없이 좋았던. 그 시절 그래도 함께여서 좋았어. 시간은 흐르고 모든 게 변해도. 그대로 있어 준 친구여.
>
> 「가수 안재욱의 '친구' 가사 中」

배움 여행(기존 수학여행)의 마지막을 장식할 장소는 숙소(서울 유스호스텔)에서 그리 멀지 않은 거리에 있는 기념관이다. 버스로도 갈 수 있는 거리를 우리는 가방을 메고 다소 힘들어도 도보로 이동하기로 하였다. 학생들의 반응은 얼굴에서도 익히 알 수 있었지만 이번 여행의 목적이 있기에 강행하기로 하였다.

우리가 배움 여행(기존 수학여행)을 하는 동안 주로 머물렀던 남산은 일제강점기의 아픔이 있는 곳이기도 하다. 일제의 침략이 본격화되는 시기부터 남산 주변에 조선을 통치하기 위한 여러 시설이 들어서게 되면서 식민지배의 상징이기도 하였으며, 조선신궁(朝鮮神宮) 자리 중 일부가 지금의 서울시교육청 교육정보연구원 일대에 있었으니 이곳이 선조들에게 얼마나 많은 아픔과 한(恨)의 현장이었을까 한다.

힘들게 걸어온 학생들에게 이러한 사실을 알려주었더니 일부 교과서에는 이러한 내용이 실려있겠지만, 우리가 배우는 교과서에는 나오지

앉았기에 모두가 처음으로 이러한 사실을 알게 되었다는 놀란 표정이 여기저기서 보였다. 이처럼 역사에 대한 올바른 사실을 알려주어야 함이 이렇게 중요하다는 것을 재확인하는 순간이기도 하였다.

날씨는 무더웠지만 용맹스럽고 강인한 기운(氣運)이 느껴지는 바람을 맞이하면서 도착한 이곳은 단지동맹(斷指同盟)과 이토 히로부미 저격으로 유명한 안중근 의사, 그분의 혼을 기리기 위한 안중근 의사 기념관이다.

우리는 100여 년이라는 시간이 지나 너무나 늦게 그리고 안중근 의사께서 생각하시는 만큼 나라를 사랑하지 못한 죄송한 마음이 기념관 입구 앞 단지를 보며 더욱 어깨가 무거워지기 시작하였다.

1층 중앙홀에 대한독립이라는 글자 앞에 앉아계신 안중근 의사, 재판을 받는 안중근 의사를 보며 학생들은 어떠한 생각이 났을까? 사전 답사하러 갔을 때, 아무래도 조금은 여유 있게 시간을 두며 사색할 수 있었는데 그때 잠시 안중근 의사께서 말씀하신 글이 생각났다.

> 옳은 일을 짓밟는 것을 보거든 정의를 생각하고, 위기에 빠진 사람을 보거든 구해줄 마음을 가지라. 그리고 나라가 위태로울 때는 목숨을 던져 나라를 바로잡는데 힘쓰는 사람이 되어라.
> 「대한국인 안중근 의사」

안중근 의사와의 만남을 통해 교사로서 학생들에게 삶을 살아가는데 있어 가슴에 무엇을 심어주어야 하는지를 다시금 일깨워 주었다.

이렇게 모든 교육 활동지(活動地)에서의 활동이 끝나고 서울역으로 가는 길에서 만난 남산 성곽. 그 길을 따라 흔적 없는 분들의 흔적을 만날 수 있게 되었다. 비록 지금은 하늘의 구름과 만나는 고층의 높은 빌딩이 있지만 과거에는 이곳에서 숱한 역사의 흔적들이 있던 곳이기도 하다. 민초(民草)들의 아픔과 한(恨)까지… 모든 것을 극복하며 살아가야 할 수밖에 없었던 이분들께서 계시지 않았다면 우리는 지금 이러한 자유를 느끼며 살 수 있었을까? 모든 분들께 한없는 죄송함과 감사함이 남산 성곽길을 마주치는 내내 마음에 남았다.

그런데 내 마음에 가슴 깊이 남는 것이 또 하나 있었다. 이번 여행을 끝으로 퇴직을 하시거나 퇴직을 앞둔 선생님들과의 마지막 여행이기에 더욱 마음이 아팠다. 갑작스러운 일로 이분들과 끝까지 마무리 짓지 못한 죄송함과 감사함을 늘 간직하며 살아가고 있다. 갑자기 아산으로 내려가 아들을 병간호하는 순간부터 선생님들께서 남은 일정들을 소화하셨기 때문이다. 또한 학생들에게도 미안함과 고마움 그리고 대견함이 남아있다.

우리가 하고자 했던 배움 여행(기존 수학여행). 모든 과정을 마치는 순

간까지 가는 길이 순탄한 길만은 아니었다. 때론 시작부터 어려움에 부닥친 모둠도 있었지만 모두가 서로의 협력을 통하여 무사히 함께 마칠 수 있는 영광을 누릴 수 있었다. 이처럼 다양한 형태로의 교육 활동은 세상을 살아가는 학생이나 교사 각자에게 때로는 말로 표현하기 어려운 작은 무언가의 의미를 마음속에 간직할 수 있도록 해준다.

언제, 어디서, 무엇이든 자유롭게 넘나드는 시대를 살아가고 있는 학생들에게 교육의 본질적인 목적은 무엇일까? 좋은 대학이 무엇인지는 모르겠지만 흔히 말하는 일류 대학교로 진학하여 '사'자(字) 들어가는 직업을 갖도록 하는 것, 금전적으로 여유 있게 살아가도록 하는 것 등 겉으로 보여지는 삶을 살아갈 수 있도록 하는 것일까?

학생들에게 세상을 자유로이 넘나들게 하면서 자유로운 생각을 가질 수 있도록 하게 하며, 자율적이고 책임 있는 행동을 통해 삶에 대한 가치의 방향성을 스스로 찾아갈 수 있는 나침반의 역할을 해야 하는 것은 아닐까!

3. 오륜기

10여 년 동안 학교라는 울타리에서 지내다 보니 세상과 다른 곳이 아니라는 결론이 나오게 되었다. 다만 구성원이 학생과 교사(교직원 포함)가 다수를 이룬다는 점이 학교 밖 세상과 가장 다른 점이지 아닐까 한다. 학생으로서 다녔던 1990년대와 교사로서 2010년대 학교 교실 속 모습은 기대한 만큼 달라진 점이 보이지 않았다.

교육용 기자재들은 많은 부분에 있어 최신식으로 개선되었을지는 모르겠지만 대부분은 예전과 유사한 교실의 형태이며 수업을 이끌어가는 방식은 교사의 주입식 교육 형태가 빈번한 상황이다. 물론 주입식 교육에 대해 모든 것이 나쁘다는 것은 아니며 일정 부분에서는 필요하다고 생각한다.

지난 5년간 학생들과 함께 호흡하였던 신양중학교는 내가 졸업했던 초·중학교의 규모와 유사한 곳이기에 더욱 고민하였던 점은 학생들에게 진로 교사로서 무엇을 해주어야 할 것인가에 대한 고민을 종종 하였다.

그러던 중 2018년 당시 1학년 학생들에게 "너희는 어떤 진로 수업을 받고 싶니?"라는 질문을 하게 되었다. 중학교 1학년 학생들이지만 이들은 분명 내가 생각했던 방향보다 더 신선한 생각들이 있으리라 판단하였기 때문이다. 교직의 첫 근무지였던 전남 곡성평화학교(미인가 대안학교)에서 학생들이 내게 가르쳐 준 것 중 하나가 바로 '학생들로부터 배울 수 있다!'라는 것이기에 가능한 생각이었다.

"학생들은 지금의 수업도 좋지만 다른 방향의 진로 수업을 받고 싶다." 라고 하였다. 학생들이 준 그 말은 참 어려운 말이었다. 수업의 선장인 교사가 어떻게 방향을 잡느냐에 따라 운명이 달라지기에 학생들이 해준 말에 대해 '이렇게 해도 괜찮을까?'하는 물음표와 '이거다!'라는 느낌표 그리고 '그래. 해보자.'라는 마침표까지 3가지의 대답을 통해 시도하고자 했다. 그 답의 방향을 찾기 위한 첫 문을 석철진 교수님께 부탁드렸다.

우리가 보통 특강을 하면 모두가 강연자를 바라보는 자세로 준비하는 것처럼 나 또한 준비하였는데 이 모습을 보신 교수님께서 "우리 이렇게 바라보지 말고 서로가 서로를 바라보며 이야기 나누어봐요."라는 마침표에서 물음표를 갖게 되었다. "특강인데 이렇게 해도 괜찮을까?"라는 물음표를 가지며 학생들은 서로를 바라보기 위해 동그라미를 그리기 시작하였다. 그 동그라미가 모두 완성된 순간 바로 '이거다!'라는 느낌표가 내게 쏜살같이 뇌리를 스쳐 지나갔다. 모두를 바라보게 한다는 것은 내게 화합과 연대를 통한 공감이라는 마침표의 녹색 신호를 주었던 것이었다. 3가지의 대답에 대한 확신이 선 나는 더욱 가속 페달을 밟아가기로 하였다.

가속 페달을 밟기 위해 먼저 학생들 각자에게 에너지를 주고 싶었다. 사실 학생들과 수업을 하다 보면 나도 에너지를 받고 싶을 때가 있다. 그런 고민 중에 무엇부터 해야 하나 하는 순간 컬러컨설턴트 박규림 선생님을 모시고 개인의 색깔 선호도를 분석하여 성향을 파악하고, 필요한 치유 색깔을 찾아 심신의 균형을 조절할 수 있도록 도와주는 프로그램인 컬러테라피를 통해 자신과 친구들에 대해 알아보는 게 좋을 것 같았다. 아무래도 여학생들이 많다 보니(14명 중 10명이 여학생) 남자인 나보다는 마음 편안하게 말할 수 있을 것이고, 색에 대해서는 전문가이시니 나보다 훨씬 효율적인 수업을 함으로써 내 의도의 100% 이상을 이루어

내실 수 있을 것이라는 믿음이 가득하였다.

그렇게 시작한 첫 단추는 자신이 가장 싫어하는 색과 가장 좋아하는 색을 순위로 정하여 색칠한 것을 바탕으로 자신에게 에너지를 주는 색을 찾아 향초로 만든 후 촛불을 밝히면서 가슴 속에 담아두었던 이야기를 하나씩 꺼내기 시작하였다. 일부 학생들은 유치원 때부터 또는 초등학교 때부터 함께 한 친구들이었기에 긍정적인 마음도 있었겠지만 부정적인 마음도 함께 있었다. 성인으로 성장한 나 또한 그 시절에 그랬으니 말이다.

새롭게 중학교로 진학하여 기존에 있던 친구 외에 새롭게 만난 친구들도 있으니 자신에게 에너지를 주는 색을 통해 앞으로 밝은 중학교 시절을 보냈으면 하는 마음이었다.

과거에서부터 삭혀왔던 일들이 학생들의 촛불에 의해 하나씩 밝혀질 때마다 내 과거 시절을 떠올리며 스치듯 안녕하고만 지냈던 모습들이 회상되어 내 마음을 구슬프게 울리게 하였다. 이는 나뿐만이 아니었다.

아마도 겉으로는 우리 반이라고 말은 하고 있지만 속은 아직 하나가 되지 않았던 것 같았다.

어느 순간부터인지는 모르겠지만 이렇게 순수하고 여린 학생들의 모습들을 통해 나도 정화(淨化)되어가고 있었다. 국민학교(지금의 초등학교) 5학년 때 도시학교에서 있다가 농촌학교로 전학을 와서 약 1학기 동안은 혼자서 지낼 때가 많았다. 그땐 그저 빨리 중학교까지 졸업해서 도시에 있는 큰 고등학교로 가면 괜찮아지겠지 하며 혼자 삭히곤 하였다. '나도 지금의 학생들처럼 이런 과정을 거쳤더라면 친구들과의 관계에서 어땠을까?' 하는 아쉬움이 많이 남기도 하였다.

서로의 속마음에 대해 알아보았으니 이젠 우리 스스로의 힘으로 무언가를 만들어가며 하나가 되어가 보기로 하였다. 중학교 1학년 현재까지 학교에 다니면서 물질적·정신적으로 힘들었던 것들을 하나씩 적어가며, 구체적으로 친구들과 이야기를 나눈 후 우리 스스로 해결책을 찾아보면서 그 해결책을 가방에 넣어 행복한 학교생활을 만들어가고자 하는 희망을 주고 싶었다.

학생들은 자신들이 적어 놓은 것들에 대해 지금 당장 시행하기는 어

렵지만 앞으로 중학교 또는 고등학교 생활을 하면서 하나씩 해결해 나아가고자 하는 마음은 모두가 일심동체(一心同體)일 수밖에 없었다. 그 일심동체(一心同體)의 마음(해결하고자 하는 마음)을 마시멜로에 담아 자유롭게 세상 끝까지 올라가 보려 한다. 각각의 마음에 세상 끝은 어디였을까? 다만 수업인 관계로 교실 안에서 세상 끝을 찾기로 하였다. 대부분 학생은 보통의 관점처럼 아래부터 시작하여 위로 가는 것이 대부분이었지만 시원이네 팀에서 돌발 상황이 일어난 것이다.

마치 새롭게 무언인가를 창조하듯이 '우린 세상 끝에서부터 시작하겠어!' 하며, 실내화를 벗어버리곤 의자를 디딤돌 삼아 책상 위로 올라가더니 교실 속 천장 사이에 마시멜로를 최대한 장착하였다. 그리고 나서 스파게티 면을 비엔나소시지처럼 줄줄이 아래로 잇는 모습이 마치 잭과 콩나무라는 동화 속에서 잭의 집이 콩나무로 인하여 하늘로 올라가는 것이 아닌, 반대의 모습으로 상상 속의 일을 마침내 현실로 친구들 앞에서 당당히 보여주었다.

모든 무게를 감당하기엔 어려웠는지 1번 마시멜로는 결국 끝까지 버티지 못한 채 비명의 소리와 함께 바닥으로 떨어지면서 이들의 창조 이야기는 물거품으로 끝나버렸다. 하지만 때론 엉뚱하거나 신선한 생각들이 친구(주변 사람)들에게 웃음을 주는 계기가 되며 이를 통하여 하나가 되어가는 기폭제로 작용하기도 한다.

이렇게 우리는 봄부터 시작하여 하나가 되어가는 화합의 과정을 한 걸음, 한 걸음 나아가다 보니 겨울을 맞이하는 12월이 되었다. 지금까지 나로 시작하여 친구들까지 왔기에 마지막은 가족을 위해서 무언가를 만들어주고자 하였다. 이런 고민을 하던 중 정수연 선생님으로부터 이은희 선생님과 함께하는 제과·제빵 프로그램을 우리와 함께하고 싶다는 제안을 받았다.

이은희 선생님과는 2018학년도 졸업생들인 현재 고등학교 3학년 학생들부터 인연이 있었으며, 현재 고등학교 1학년(당시 중학교 1학년) 학생들이 예산군 진로 박람회 행사 때 전체를 위해 양보한 적이 있어서 보답의 마음으로 학생들에게 선물을 주셨다.

두 분 선생님의 따뜻한 설명과 자상한 도움을 통하여 정성스럽게·신나게·행복하게 친구들과 함께 만든 무화과 스콘을 온 맘 다해 오븐 속으로 정성스럽게 올려 넣었다. 그 속에서 사랑스럽게 익어가며 마음을 따뜻하게 하는 스콘의 훈훈한 향기는 우리의 마음속에서 무화과의 달콤함처럼 사랑하는 가족을 부른다.

훈훈한 향기가 사랑방에 그윽할 즈음 우리는 마음을 나누기로 하였

다. 그중에서도 똑순이 은서는 예산읍에 있는 예산 ○○초등학교를 졸업하고 신양중학교로 입학하여 낯섦에 시작한 어느 봄날. 자신의 모습을 생각하며 1학년을 마칠 즈음에는 여러 친구들과 선배들 그리고 선생님들과 함께 한 1년여간의 세월을 돌아보니 자신도 모르게 함박웃음을 지었다.

 유명한 회사의 제품도 아니고, 돈으로 구매한 것도 아닌 오로지 친구들과 함께 만든 세상에 하나뿐인 무화과 스콘. 그래서였을까? 은서는 자신에게 있어 너무나 소중하고 사랑하는 엄마와 삼촌을 생각하면서 만들어 더욱 행복했다는 듯이 더 큰 웃음으로 모두에게 큰 웃음을 선사하였다. 은서를 보며 '가족을 위한 사랑은 정말 무엇과 바꿀 수 없구나!'라고 느꼈다.

이처럼 아름답고 따뜻한 사랑을 오늘 우리는 사랑의 봉투 안에 고이 담았다. 그리고 사랑방의 문을 나오면서 느껴지는 또 다른 향기는 무엇일까? 그것은 오늘 우리가 만든 이 무화과 스콘을 통해 가족들과 함께 나눌 사랑의 향기는 아닐까!

나로 시작하여 모두를 위한 화합의 시간들…

4년마다 열리는 올림픽에서 늘 등장하는 오륜기. 오륜기의 5개 고리는 아메리카, 아시아, 아프리카, 오세아니아, 유럽(가나다순) 이렇게 다섯 개의 대륙을 나타내며, 5개의 고리가 겹쳐지도록 사슬 모양으로 하여 대륙 간의 상호 화합과 연대를 나타낸다. 어쩌면 오륜기를 통해 지금 내가 몸을 담그고 있는 학교에서 일어나고 있는 문제점에 대한 해결점을 발견할 수 있지 않을까 한다. 이는 교육 현장인 학교 넘어 세상에서 일어나는 일들에 대해서도 유사할 것이다.

> 혼자선 이룰 수 없죠. / 세상 무엇도.
> 마주 잡은 두 손으로. / 사랑을 키워요.
> …
> 작은 가슴 가슴마다. / 고운사랑 모아.
> 우리 함께 만들어가요. / 아름다운 세상.
> 「가수 박학기의 '아름다운 세상' 가사 中」

여러 생물 중 달팽이 집에는 어떤 비밀이 숨겨져 있을까? 이에 대한 해답은 피보나치 수열로 만들어진 황금비율에 있다. 가족, 친구, 동료, 선후배, 세상, 자연 이 모두가 다른 것이 아니라 같은 하나인 셈이다. 즉, 모두가 황금비율 안에 있다는 것을 절대 잊지 않길 바란다.

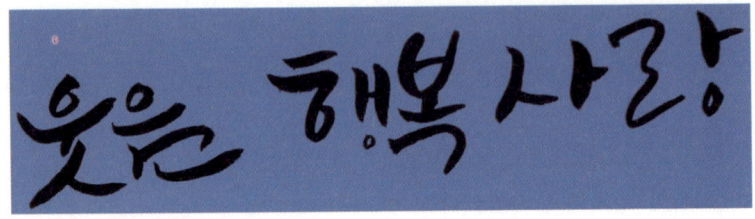

그 안에서 웃음과 행복 그리고 사랑 등 다양한 공감의 씨앗들이 활짝 피어나 아름다운 세상을 우리 모두가 만들어 가보는 것은 어떨까!

"우리에게 필요한 것은
이상주의자나 기계처럼 생각하는 사람이 아니라,
슬기롭고 자유로운
통합적인 인격을 갖춘 사람입니다."

》 크리슈나무르티 《

에필로그

언젠가는…

하나의 작은 물방울로부터 시작되어 하나의 큰 바다가 되어가는. 때로는 큰 바다로부터 시작되어 작은 물방울이 되어가는. 자연의 삶은 마치 인간의 삶과도 유사한 것 같다.

학교라는 무대에서 10여 년간의 삶.

그 삶들을 돌이켜보면서 '교사로서 나는 어떻게 살았나?' 하는 고민을 하게 된 2020년. 어쩌면 코로나19로 인하여 이러한 생각을 할 수 있지 않았을까 한다. 특히 진로·환경 교사로서 살아간 신양중학교에서 진로교육(사전적 의미로는 개인이 직업적 잠재능력을 최대한 개발하여 직업의 세계에서 개인적 행복과 성취가 최고에 달할 수 있도록 지원하는 교육 활동을 말함.)에 대한 나만의 정의를 고민하던 중 깨닫게 된 것은 '세상에 존재하는 주체적인 한 사람으로서 참된 길로 나아갈 수 있도록 하는 교육 활동이다.'라고 정의를 내렸다.

교사란 '지식을 가르치기 전에 인생 선배로서 삶을 살아가는 데 있어 참된 길로 방향을 잡아주는 것이 먼저다.'라는 것을 몸소 실천하시고 느끼게 하여주신 선배 교사들께서 계셨기에 이러한 정의를 내릴 수 있었다.

뿌리에서 시작되어 반경이 넓어지고 이를 통해 각각이 연결되어 하나로 이루어 낼 수 있는 그 바탕은 바로 공감이라 생각한다. 눈에 보이는 물질(돈, 권력 등)로 하나가 될 수도 있겠지만, 궁극적으로는 눈에 보이지 않는 그 무언가로부터 더 큰 하나를 만들어 낼 수 있기 때문이다.

> 결승선에 도달하기 전에 무수한 논쟁이 오가지만,
> 일단 결과가 정해지면 승자나 패자나 담담하게 받아들이는 것이
> 화합의 정신임을 우리는 익히 알고 있습니다.
> …
> 지금은 분열보다는 화합이 더 절실함을 깨달아야 할 시점입니다.
> 「엘 고어 대통령 후보의 패배 승복 연설문 中」

학교라는 작은 세상과 학교 밖이라는 큰 세상 모두 최근에 소통 또는 화합이라는 단어를 자주 쓰고는 한다. 하지만 현실은 이와 반대로 흘러가고 있지는 않나 하는 안타까운 마음이 든다. 특히 세상의 첫 시작이거나 디딤돌 역할을 하는 학교에서도 일어나고 있음이 더욱더 안타깝다.

신양중학교에서의 지난 5년.

학생·학부모·마을주민·교직원 모두와 함께 동고동락(同苦同樂)하였으며, 다양한 분들의 삶을 통해 학생들에게 넓은 세상과 공감할 수 있도록 하였다. 때로는 자기 삶의 터전인 마을과 자연에 대해서도 공감할 수 있도록 하였다. 이처럼 학생들이 사람과 세상 그리고 자연과 공감하며 교육안에서 참된 길로 나아갈 수 있도록 노력하였다.

어쩌면 이곳은 공교육에서의 교직 생활을 하면서 공감의 향기가 가장 가득한 시·공간은 아니었을까 한다. 어떠한 사안에 대해 때론 이견(異見)도 있었고 다투기도 하였지만, 결정되었을 땐 모두가 하나가 되었던 따뜻한 사람들이 살아가는 따뜻한 마을 신양.

함께 근무하였던 이지원 선생님과 대화 중 우연히 선생님께 드린 말씀이 기억에 남는다. "교사로서 공교육에서 제가 경험한 이상적인 실천을 상상으로만이 아닌, 현실로 이루어 냈기에 앞으로 교사라는 삶을 살지 못하더라도 교사로서 후회 없는 삶을 살았다."라고 말할 정도로 신양에서의 교직 생활에 대해 자부심을 갖고 있다.

화합을 위해서, 연대를 위해서 우리는 무엇부터 해야 할까? 그것은 바로 공감이 아닐까?

공감…

참 쉬우면서도 정말 어려운 말이기도 하다. 그래서였을까? 나로부터 시작하여 모두를 위해 실천하였다. 첫 단추를 사람에게서 시작하여 세상 그리고 자연까지…

비록 신양중학교라는 작은 농촌학교에서 뿌린 아름다운 향기는 우리 학생들을 통해 온 세상으로 나아갈 것이라 확신한다. 그것이 1년, 2년 뒤처럼 바로 아름다운 향기를 내지 못할지라도 언젠가는 그 향기를 낼 수 있도록 어디에서든지 실천할 것이다.

이렇게 다양한 공감들이 소나기보다는 가랑비처럼 우리에게 더 깊이, 더 진하게 전파되어 우리 미래의 세대들이 아름다운 세상에서 살아가길 바란다.

공감의 씨앗 이원택 드림